关于朝辉（私募）投资管理机构

朝辉（私募）投资管理机构由国内顶级操盘大师伍朝辉先生于1999年在广州发起创立，是一个纯民间私募投资理财组织。朝辉（私募）投资管理机构主要为内部会员提供个性化投资决策、全权委托理财服务，并由伍朝辉先生直接负责指挥操盘。

机构自创立以来，与国内多家证券公司、投资机构均有不同深度的合作，如广发证券、中投证券、联合证券、湘财证券、大鹏证券、光大证券等；近10年来，组织大量资金跟进每波主流行情，内部会员获利极为丰厚。仅2005年以来，内部钻石会员的平均收益率达到468%！白金会员的平均收益率达到300%以上！普通会员平均收益率达到190%以上（普通会员以随机调查取样统计结果）。以2006年12月11日入会的钻石会员邓先生为例：入市资金为132万元，截止2007年12月，资产总额已经达到1595万元，收益率超过10倍！

朝辉（私募）投资管理机构经过10多年的发展，由最初仅1800万元启动资金5个钻石会员客户，到如今，已经拥有200亿以上资金总量，并在全国20个省80多个城市100余家证券公司拥有会员交易账户，从而成为华南地区特大型民间私募组织之一。

特大型私募机构职业操盘手培训教程

《中国证券职业操盘培训教程》系列丛书

道破短线天机

伍朝辉 著

彩图版

（下册）

必将为你带来终生财富的工具书

廣東省出版集團
广东经济出版社
·广州·

图书在版编目（CIP）数据

道破短线天机：彩图版．下册 / 伍朝辉著．—广州：广东经济出版社，2013.4
（《中国证券职业操盘培训教程》系列丛书）
ISBN 978－7－5454－1847－7

Ⅰ.①道…　Ⅱ.①伍…　Ⅲ.①股票投资—基本知识　Ⅳ.①F830.91

中国版本图书馆 CIP 数据核字（2013）第 059915 号

出版发行	广东经济出版社（广州市环市东路水荫路 11 号 11～12 楼）
经销	全国新华书店
印刷	广州市岭美彩印有限公司 （广州市荔湾区芳村花地大道南，海南工商贸易区 A 幢）
开本	787 毫米×1092 毫米　1/16
印张	16　2 插页
字数	184 000 字
版次	2013 年 4 月第 1 版
印次	2013 年 4 月第 1 次
印数	1～10 000 册
书号	ISBN 978－7－5454－1847－7
定价	80.00 元

如发现印装质量问题，影响阅读，请与承印厂联系调换。
发行部地址：广州市环市东路水荫路 11 号 11 楼
电话：（020）38306055　38306107　邮政编码：510075
邮购地址：广州市环市东路水荫路 11 号 11 楼
电话：（020）37601950　营销网址：**http：//www. gebook. com**
广东经济出版社新浪官方微博：**http：//e. weibo. com/gebook**
广东经济出版社常年法律顾问：何剑桥律师

《道破短线天机》彩图版前言

在《道破短线天机》彩图版下册这本书的开头，我先和各位读者讲一讲短线与长线的交易策略。在股市里，我们最容易纠结的是应该做短线还是该做长线。其实这个问题，既无对之分，也无错之分，既无坏之分也无好之分，关键在于自己的定位。

是的，我讲的是定位！

如果我们的定位是做一个短线交易者，那么，短线交易就十分重要；而如果我们定位为一个长线投资者，那么，长线持股就是不二的选择。

为什么说这是取决于自己的定位呢？

每个人对自己的定位必须要有清晰的认识，这包括几个方面的因素：

其一，性格；

其二，文化程度；

其三，思维模式；

其四，工作与生活环境；

其五，抗风险能力。

针对同样一个问题，十个人会有十种看法，这是因为看问题的角度与处理问题的能力不同所致。因此，日常盘中当股价上涨或下跌，就总会有人在卖出或买进。在同一个证券营业部的中户室里，我们经常会看到一个老头在卖出某股，而与此同时，另一个隔壁的老太却在忙着买进该股。老头卖完之后一看老太在买进，就不屑一顾地说，我刚刚抛出了，而老太却信心满怀地说，我继续看好它。

我有一个学生曾经跟我说过关于是做短线还是做长线的问题。他说，我老是在这个问题上纠结不清。有时候想做短线，可是股票涨得好，就舍不得卖，于是就想做波段。结果头一小时这个想法很快在收盘前又改变了，因为收盘时，股价跌了，于是我赶紧出来。但事情没有完，第二天该股却涨停，之后大涨了很多天。

这个事情令他很郁闷。

我说，关于是该短线，还是长线，这个问题的本身并不是很重要的，重要的是你给你自己的定位是什么？

关于对自己在这个股市中的定位，我们可以来明确一下以下的假设：

A、如果你对自己很了解，定位自己为一个职业操盘手或职业投资者，那么，短线或中线波段是最佳交易策略；

B、如果你定位自己为一个非职业投资者，股市只是工作之余的爱好，那么，长线是最佳交易策略。

现在，我们来对这两个假设进行分析：

如果你选择A，那么，你就必须以此为职业。

股市交易就是你的工作。

每天你得在9：30分时规矩地上班，而且，对每周的交易要制定交易计划与任务。

假定你是一个拥有百万资金的职业投资者，那么你每周的任务是什么呢？是赚10万、20万？还是5万或1万？赚钱多少是任务的最终结果，这个结果，反映了你对任务的执行与完成能力。

针对这个交易任务，你必须指定交易策略，这包括：技术模型、买点与风险控制、资金运用管理等多方面，当然，更重要的是如何选对目标股票。

如果你选择B，那么，你无须以股市交易为职业。股市不过是你有了闲钱就往里面投的地方，相当于向银行存款一般。你只需偶尔观摩一下所买进的股票是何状态就行了。

长线投资者要学会远离市场。

长线投资者不能每天浸泡在市场中，这会迷失方向。

长线投资者是平常该干吗就干吗去。股市不是你能玩得转的地方。

对长线投资者而言，炒股必须要有大智慧，必须要能把价值投资作为唯一的法宝与武器。

针对长线投资者，我们必须要有一种“咬定青山不放松”的精神，就是死，也要砸在这只破股身上了。

我有一个朋友是做长线投资的大赢家。他每年往股市里固定投资三百万，每百万投一只股，以年为限，年收益率达到100%为成功。这十年来，经历了牛熊的变迁，他的投资风格不变。所幸的事，他从最初两三年的一无所获，到最近五年投资能力已经非常人能及。原因是，他所选的三只股票往往都是当年能够涨到三倍以上的牛票！于他而言，他已经充分获知了选取这类牛股的独家秘密。这种投资能力与水平有时令我也十分惊叹和敬佩！

从我自己来讲，我是以短线交易模式开始起步的。为什么呢？因为那时我已经决定以股市投资作为终生的职业。我每天必须在股市里上班，因此，我必须要能每周每天赚钱以养家糊口啊。如果天天看股票的价格变化，而不能去获得交易收益，那你还在股市天天看什么？

因此，针对股市的交易变化特征，我必须制定好最佳的交易策略，并必须以铁的纪律严格执行。举个例子，当今天所买进的目标股票，明天涨幅达到5%以上时，你是否卖出？那么我的交易策略是必须卖出！因为5%就是我当初每周的收益目标。

后来，我的收益目标是每周10%，每周不间断如是。

再后来，我的收益目标是每周20%，每周不间断如是。

有人说短线是金。在我看来，短线怎么能是一个小小的金子所能比拟的？它的投资魅力与价值是远远无法用黄金来进行比拟的。

曾经一段时间，我认为成功的短线交易者就是一个印钞员，只要一打开电脑，印钞工作就开始了。要达到这个境界也不难。它最大的困难乃在于你是否拥有这种能力。

所以，针对短线与长线，这样的争辩没有实际意义。而个人对自己在这个市场中的职业定位才是最最关键的。如果有了一个最好的定位，那么，自己就要为这个定位做好一切相关准备工作，这些准备工作包括：知识、技能与资金。如果你的资金已经具备，那么，剩下两项就是你必须要下定决心不惜一切代价去获取并拥有，因为，这关系到你的一生。

顺便说一下短线常用的操盘线。

在我的作品里经常提到一个名词，即：操盘线。很多没有看过我作品的朋友们不明白，究竟何谓操盘线？这个操盘线究竟有些什么特殊的地方呢？

操盘线，顾名思义，就是指主力机构赖以维持行情并展开积极操盘的价格支撑线。

在移动平均线中，交易软件中系统默认的参数为“10 日均线”。

10 日均线的重要性，一直被广大普通投资者所忽视。

有些人曾试图修改参数，找到最符合交易特性的均线，这一点无可厚非。其实无论你如何修改参数，股价最终上涨的宿命还是由操盘线的趋势来决定。

那么，我为什么要定义“10 日均线”为操盘线呢？

这里面有两个最重要的因素：

其一，绝大部分主力在行情最终启动之后，均以 10 日均线为短中线行情的延续与支撑，同时，他们也积极研究统计最近十日的市场交易情况，以备为接下来的持续操盘计划作出决策；其二，统计历史上所有波段行情的黑马股票，其行情的延续与终结均以 10 日均线为最终依据。

操盘线的运用，有两个最重要的技巧：

第一，股价上涨在远离操盘线后，必然会向操盘线回归，因此，操盘线将构成强大支撑，这个支撑位置就是一个买进机会；

第二，股价上涨过程中，如果某天的收盘价击穿操盘线，并在次日无法以收盘价修复操盘线，则意味着行情的终结，这说明主力已经在放弃本次行情的操盘。

操盘线虽然没有命名为“生命线”，是因为操盘线只是主力积极展开操盘的温度计，我们可以这样来进行测量：

A、价格在操盘线之上，说明主力积极性操盘，温度计显示稳中有升；

B、价格在操盘线之下，说明主力消极性操盘或未操盘，温度计显示疲软下降。

用操盘线来进行交易，其风险控制也以这条线为依据，即：

A、价格在操盘线之上，持仓或买进；

B、价格在操盘线之下，止损或卖出。

上述技巧只是抛砖引玉，所谓大道至简，最精深的技巧通常蕴含在最简单的哲理之中。好好学习，自然书中就有黄金屋。如不学习，则不知黄金屋在何处。

目录

第一章

狙击跌停技法

第一节　狙击跌停的基本原则

一只股票如果无缘无故地跌停，通常情况下，只要该股没有运行在下降通道中，就一定是主力突然实施的最凶狠洗盘动作。这个时候，该股主力以凶狠的跌停手法来完成对盘中散户筹码的清洗。接下来，该股绝对会在重要的支撑位止跌。

然而在大多数时候，主力实施跌停式操盘手法均会配合上市公司的“利空”消息，如预亏、业绩下降、重组受挫、配股增发、解禁股上市、合作项目暂停、成本上升、管理层变化等等。从某种意义上讲，确切地说是上市公司有效地配合了主力的操盘计划。

所有短线需要狙击跌停的股票有一个铁血法则，即是：股价必须运行在初期或中期上升趋势之中！凡是运行在中期或中长期下降趋势中的股票，不得随意狙击跌停。这是因为，主力已经出货完毕，股价下跌是处于无组织无计划性的自由堕落，其后续下跌风险极大！不要因为贪便宜，而随意抢进。否则，将造成无可估量的损失。

从某种意义上讲，狙击跌停更符合股市投资所强调“高抛低吸”的经典原则。就短线操盘而言，笔者介绍以下两种狙击跌停的操盘技术，请大家务必用心研究分析。

第一种，上涨初中期的洗盘。

上涨中的洗盘是主力为了驱赶盘中意志不坚定的散户所采取的操盘行为。只有极厉害的主力操盘手会在上涨初期和中期采用最凶悍的洗盘模式，即跌停洗盘！可以这样说，绝大部分散户均会在这种操盘定式下乖乖地缴械投降。

狙击法则：

当股价运行在上涨阶段的初期或中期，攻击线和操盘线运行趋势向上已经突破生命线，中期上涨趋势特征明显。股价上涨时，量能逐步温和放大。这说明主力已经在执行拉升阶段的操盘计划了。因此，当股价在利空打击或莫名下跌的情况下跌停时，一定是主力趁机洗盘的典型操盘手法。临盘应在股价跌停时以跌停价格买进第一单。如次日早盘该股继续低开低走，则在早盘低走时再买入第二单，股价盘中反弹后再次下跌不创新低时，买入第三单。

大部分主力一般均不会轻易跌穿操盘线。如当日跌穿，也会在当日盘中收盘时拉回至操盘线之上。如当日收盘于操盘线之下，也会在2个交易日内将股价拉回至操盘线之上。因此，操盘线就是低吸的最佳狙击位。如果是短线攻击势头极强的股票，在经过2~3个交易日的急速拉升后，该股当日跌停必不会跌破攻击线。因此，临盘在5天攻击线上可大胆低吸狙击。

第二种，上涨大趋势的调整。

上涨大趋势通道中的中继性调整是主力执行中线操盘计划的一个重要操盘手段。一般情况下，主力会在将股价拉升幅度达到30%~50%左右后出现一个阶段性的见顶过程。这个过程时间较短，大部分主力在5天左右即反手向下运动击穿操盘线，形成一个孤岛式反转的形态。股价击穿操盘线后，快速下跌，直奔生命线和决策线而去。在这种情况下，盘中大部分散户会以为行情已经完结，因此，在股价下跌时恐慌式斩仓出局。

其实，作为中线主力而言，这种操盘定式不过是中线操盘计划的一部分，即波段式操盘。由于第一波段升幅已经达到预定目标，因此，主力在完成第一波段的操盘计划后，即展开反手打压。将股价在较短时间段内连续下跌迅速回落至第一波段升幅的30%~50%左右，并在生命线或决策线附近区域企稳。主力在股价击穿操盘线那一刻起，即意味着波段行情的终结，也同时意味着第二阶段打压操盘计划的开始。狙击法则：

当股价运行在上涨阶段的中期，生命线和决策线形成大金叉向上运行趋势，中期大级别波段行情上涨趋势特征明显。股价在第一波段上涨过程中，量能释放巨大，盘中换手积极，换手总量达到150%以上，这说明主力在第一波段操盘计划中投入资金量巨大，行情不会在升幅较少的情况下短时间内终结。对这种股票而言，主力会以反复的宽幅震荡形式，进行大波段中线操盘行情为主要特色。

因此，当股价击穿操盘线之后向生命线回归的震荡下跌过程中，出现突遭利空打击或加速下跌的情况而致股价跌停时，一定是主力趁机进行最后清洗筹码的最经典操盘手法。临盘应在股价跌停时以跌停价格买进第一单。如次日早盘该股继续低开低走，则在早盘低走时再买入第二单，股价盘中反弹后再次下跌不创新低时，买入第三单。

绝大部分主力一般均不会轻易连续跌穿生命线和决策线。如当日跌穿，也会在当日盘中收盘时拉回至生命线和决策线之上。如当日收盘于生命线之下，也会在2个交易日内将股价拉回至生命线之上。鉴于这一操盘原理，生命线和决策线就是在主力大调整时低吸的最佳狙击位。这个位置的狙击，也可以叫做关键技术点位上的短线狙击。

第二节　狙击跌停实战操盘图谱

【道破短线天机】实战图谱 001

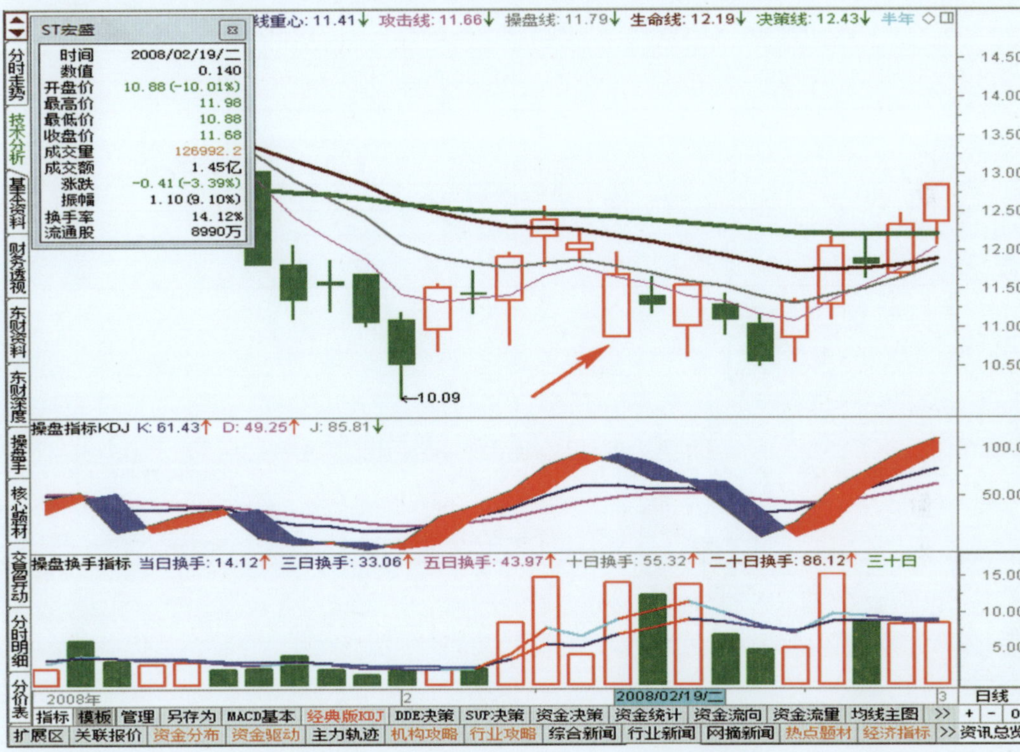

图例 001　宏盛科技（600817）日 K 线走势图谱

短线操盘策略分析：

（一）题材热点：公司具备 3G 业务题材，电子信息领域龙头企业。具备资产重组题材，控股股东将发生改变。第一大股东抛售持股，2007 年度业绩预减。

（二）技术形态：股价在 60 天均线之下反复震荡，已经形成中期底部。5 天和 10 天均线系统已经形成金叉攻击态势。

（三）最佳买点：股价盘中放量突破均价线时买进。股价次日盘中继续低开震仓时再买进加仓。短线操作的第一阻力 12．5 元附近，可考虑第一阶段短线止赢。第二阻力 13．5 元附近，可考虑第二阶段短线止赢。

（四）风险控制：中期底部区域短线即将反弹，最佳买点风险值控制在 5% 止损。

（五）实战训练：参见实战图谱 002 所示，短线严格按照技术要领操作。

【道破短线天机】实战图谱 002

图例 002 宏盛科技（600817）盘口走势图谱

职业操盘手实训要点：

对照软件，认真观察实战图谱，把它们的走势特点写下来：

（1）空间位置：______

（2）均线结构：______

（3）量能结构：______

（4）形态特征：______

（5）操盘决策：______

【道破短线天机】实战图谱 003

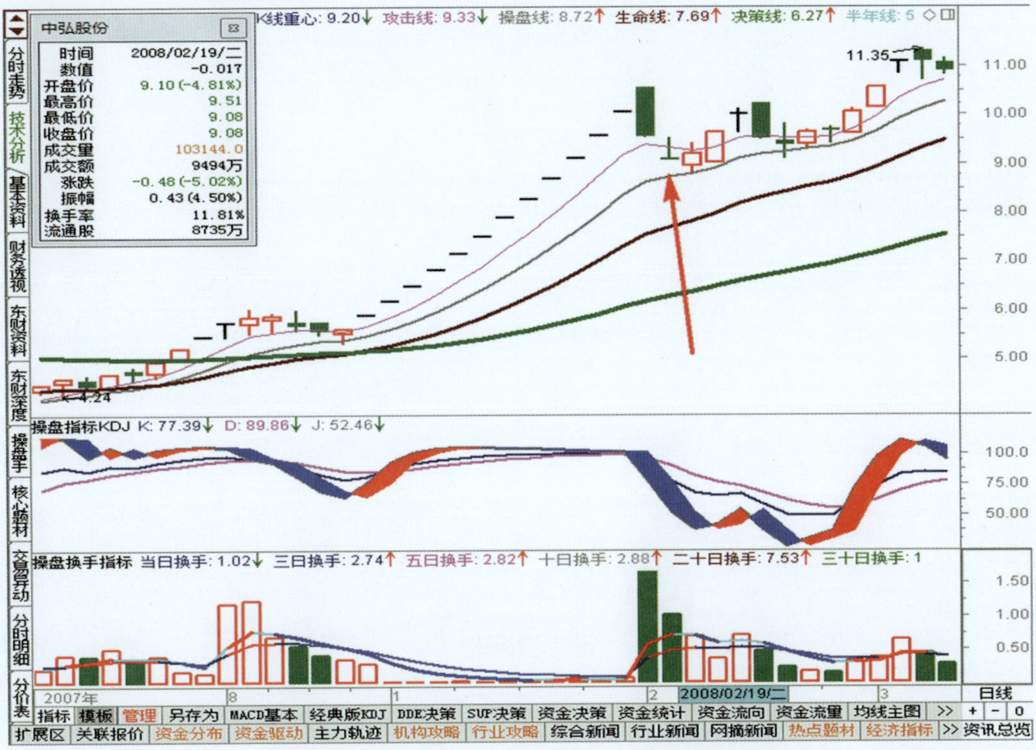

图例 003　中弘股份（000979）日 K 线走势图谱

短线操盘策略分析：

（一）题材热点：公司具备资产重组题材，第一大股东股权正在进行转让。具备增发题材，公司业绩将得到提升。中小盘壳资源型品种。

（二）技术形态：股价经过大幅上涨后升幅已经达到 200% 以上，短线已经见顶。今日开盘巨量跌停，盘中反复开板，说明主力资金进行滚动操盘。

（三）最佳买点：股价盘中放量跌停开板时买进。股价次日盘中继续低开震仓时再买进加仓。第一阻力 9．5 元，可考虑短线止赢。第二阻力 11 元，可考虑第二阶段止赢。

（四）风险控制：中期头部区域短线震荡盘头行情，最佳买点风险值控制在 5% 止损。

（五）实战训练：参见实战图谱 004 所示，短线严格按照技术要领操作。

【道破短线天机】实战图谱 004

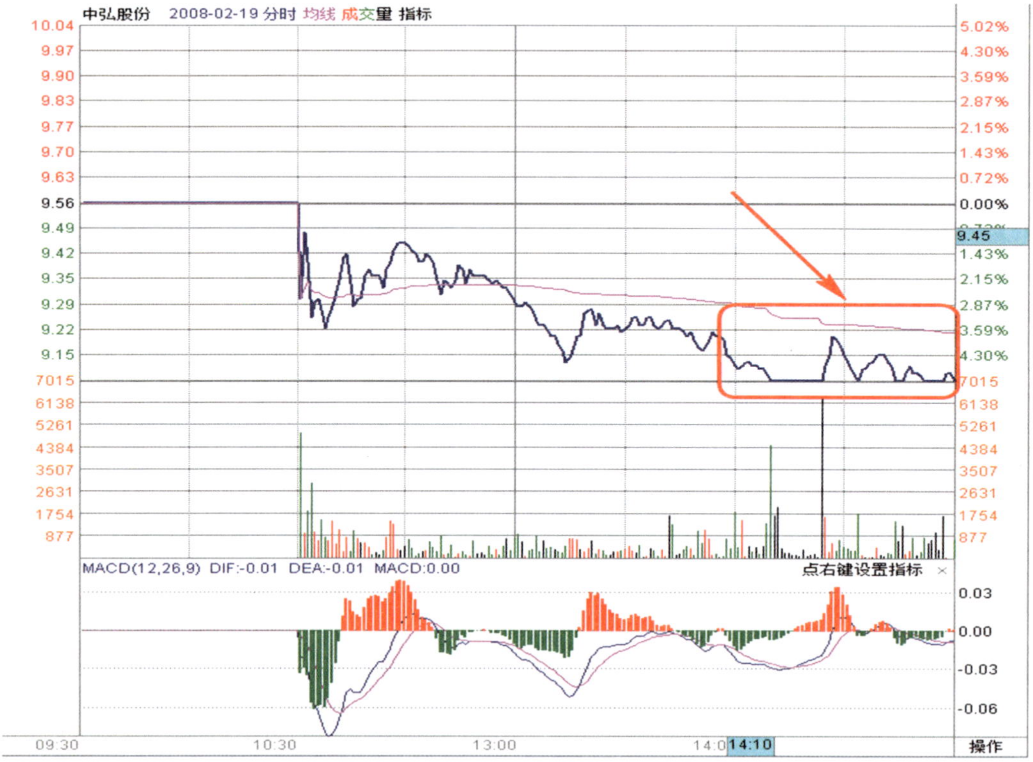

图例 004　中弘股份（000979）盘口走势图谱

职业操盘手实训要点：

对照软件，认真观察实战图谱，把它们的走势特点写下来：

（1）空间位置：________________

（2）均线结构：________________

（3）量能结构：________________

（4）形态特征：________________

（5）操盘决策：________________

【道破短线天机】实战图谱 005

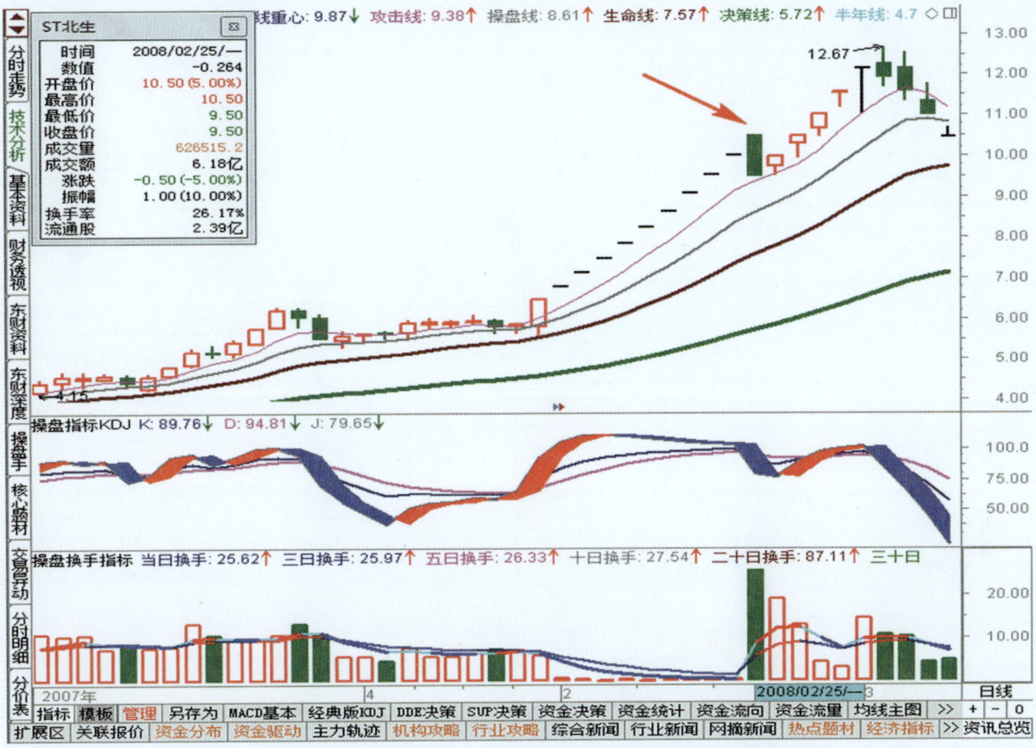

图例 005　ST 北生（600556）日 K 线走势图谱

短线操盘策略分析：

（一）题材热点：血液制品概念，重组题材概念。

（二）技术形态：股价连续大幅涨停，2008 年 2 月以来波段升幅已经达到 50% 以上。

今日开盘巨量跌停，盘中反复开板。换手达到 26% 以上，巨量跌停说明主力滚动操盘。股价仍然运行在上升通道中，短线经过巨量换手后，即将形成中期头部。

（三）最佳买点：股价尾盘再度跌停时买进。股价次日盘中继续低开震仓时再买进加仓。第一阻力 10．5 元，可考虑短线止赢。第二阻力 12 元，可考虑第二阶段止赢。

（四）风险控制：中期头部区域宽幅震荡行情，最佳买点风险值控制在 5% 止损。

（五）实战训练：参见实战图谱 006 所示，短线严格按照技术要领操作。

【道破短线天机】实战图谱 006

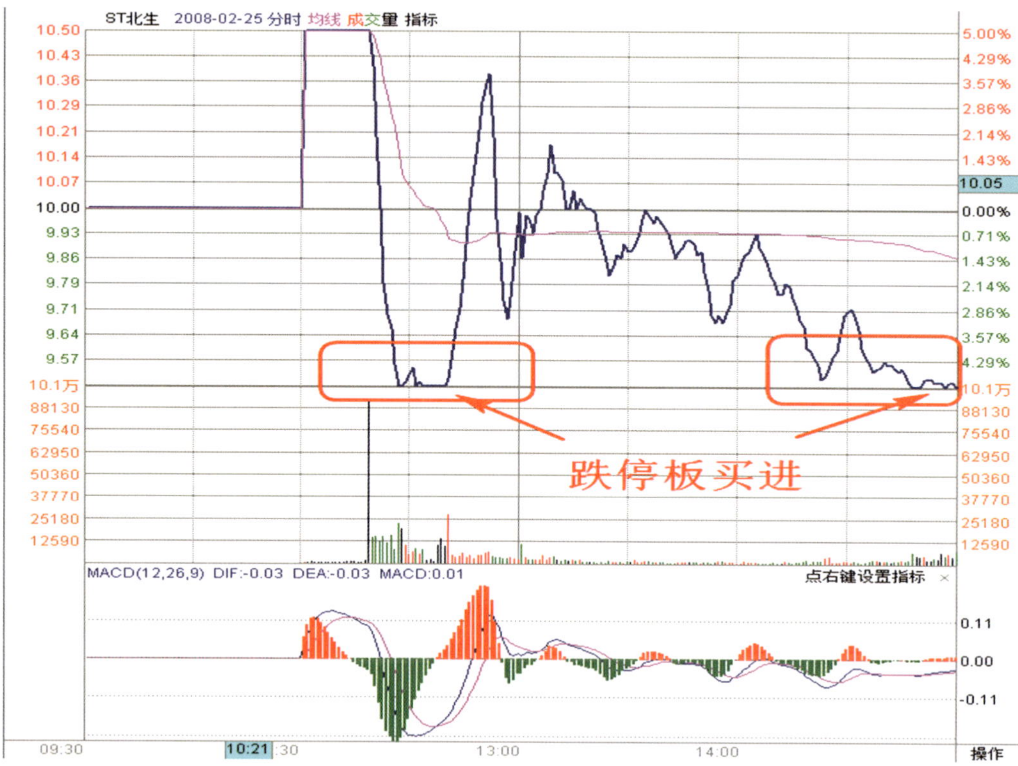

图例 006　ST 北生（600556）盘口走势图谱

职业操盘手实训要点：

对照软件，认真观察实战图谱，把它们的走势特点写下来：

（1）空间位置：______

（2）均线结构：______

（3）量能结构：______

（4）形态特征：______

（5）操盘决策：______

【道破短线天机】实战图谱 007

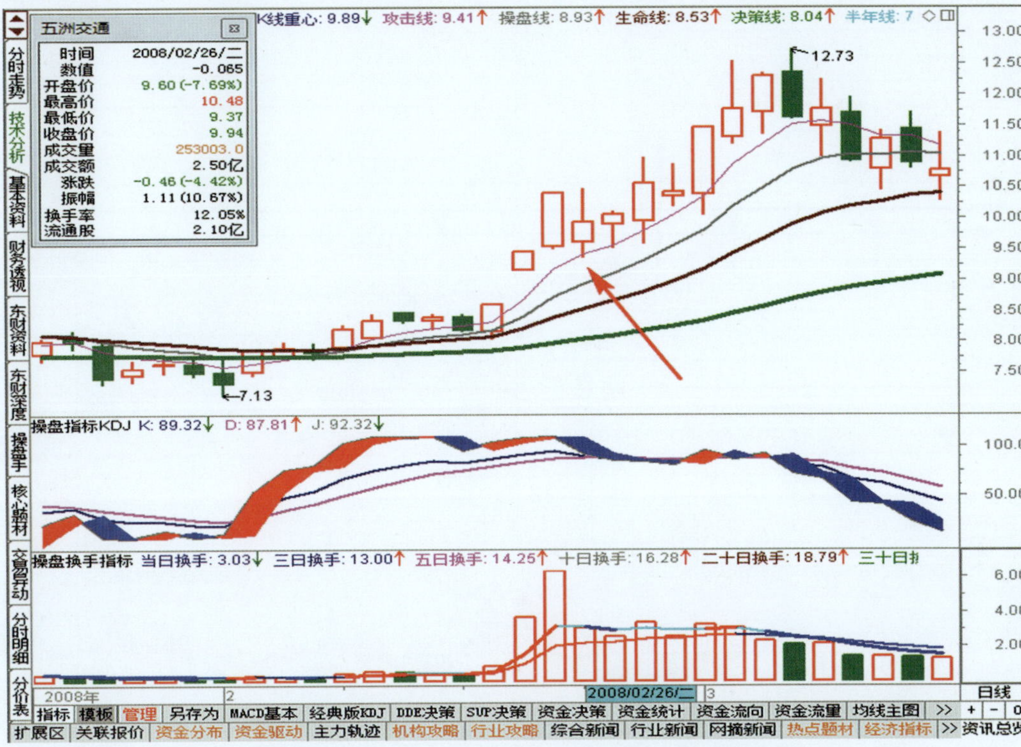

图例 007　五洲交通（600368）日 K 线走势图谱

短线操盘策略分析：

（一）题材热点：公司具备北部湾经济开发区题材。2007 年度业绩持续保持稳定增长。

（二）技术形态：股价连续涨停突破底部后已经形成中期波段行情上升通道。今日开盘巨量跌停，随后迅速开板。巨量跌停说明主力强力洗盘。5 天和 10 天均线系统呈现强势上涨状态，短线行情仍将延续。

（三）最佳买点：股价盘中放量跌停开板时买进。股价次日盘中继续低开震仓时再买进加仓。第一阻力 10. 5 元，可考虑短线止赢。第二阻力 12 元，可考虑第二阶段止赢。

（四）风险控制：上升通道中的短线凶狠洗盘行情，最佳买点风险值控制在 5% 止损。

（五）实战训练：参见实战图谱 008 所示，短线严格按照技术要领操作。

【道破短线天机】实战图谱 008

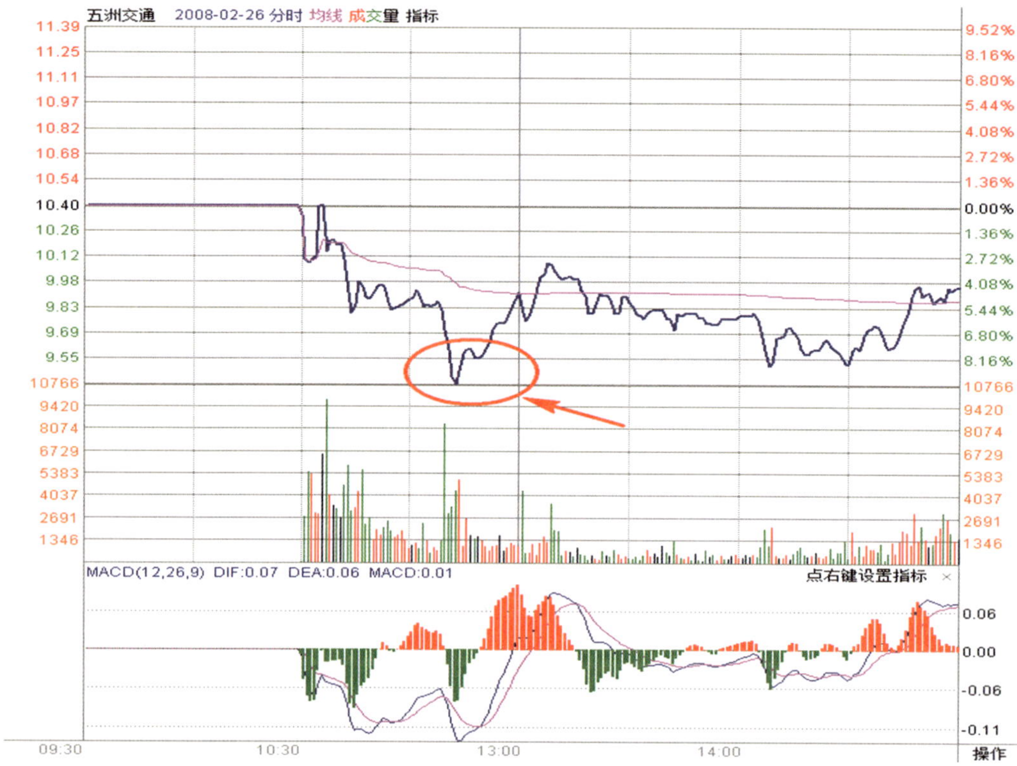

图例 008 五洲交通（600368）盘口走势图谱

职业操盘手实训要点：

对照软件，认真观察实战图谱，把它们的走势特点写下来：

（1）空间位置：________________

（2）均线结构：________________

（3）量能结构：________________

（4）形态特征：________________

（5）操盘决策：________________

【道破短线天机】实战图谱 009

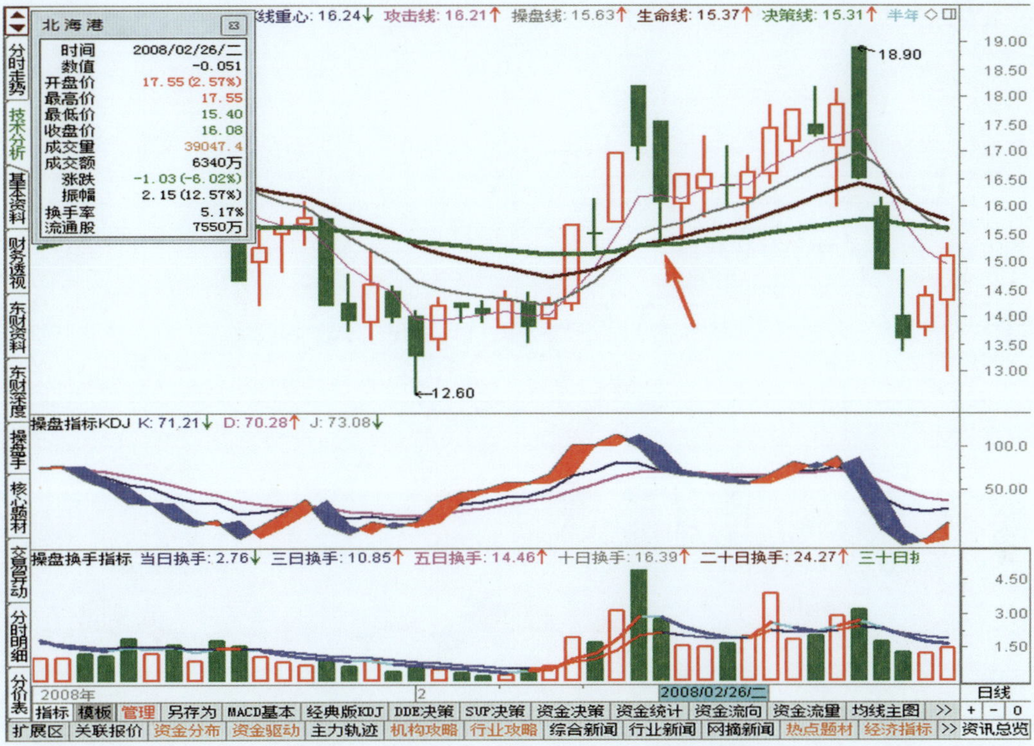

图例 009 北海港（000582）日 K 线走势图谱

短线操盘策略分析：

（一）题材热点：公司具备北部湾经济开发区题材。具备资产置换与集团整体上市题材。

2007 年度业绩已经扭亏为盈。

（二）技术形态：股价从底部连续放量反弹已经突破 60 天和 20 天均线。5 天和 10 天均线系统呈现强势上涨状态，短线行情仍将延续。

（三）最佳买点：股价盘中放量跌停开板时买进。股价次日盘中继续低开震仓时再买进加仓。阶段性股价阻力位置为 18 元附近，可考虑短线止赢。

（四）风险控制：上升通道中的短线凶狠洗盘行情，最佳买点风险值控制在 5% 止损。

（五）实战训练：参见实战图谱 010 所示，短线严格按照技术要领操作。

【道破短线天机】实战图谱 010

图例 010 北海港（000582）盘口走势图谱

职业操盘手实训要点：

对照软件，认真观察实战图谱，把它们的走势特点写下来：

（1）空间位置：________________

（2）均线结构：________________

（3）量能结构：________________

（4）形态特征：________________

（5）操盘决策：________________

【道破短线天机】实战图谱 0011

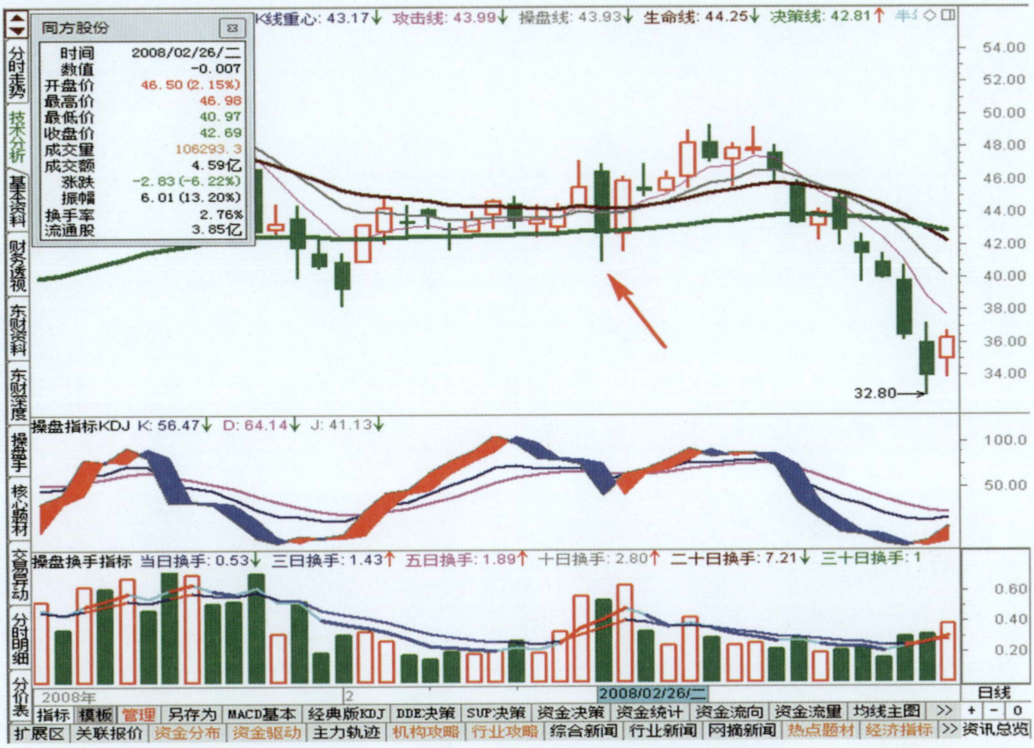

图例 011 同方股份（600100）日 K 线走势图谱

短线操盘策略分析：

（一）题材热点：公司具备北京奥运题材。具备 3G 业务题材，国内高科技领域龙头型企业。2007 年度业绩持续保持稳定增长。

（二）技术形态：股价经过大幅调整后在 60 天均线上获得支撑并形成中期底部特征。昨日已经放量突破 20 天均线。今日单边杀跌，尾盘巨量跌停后迅速开板。股价明显再度在 60 天均线受到支撑，短线反弹行情仍将延续。

（三）最佳买点：股价盘中放量跌停开板时买进。股价次日盘中继续低开震仓时再买进加仓。股价反弹的阻力 50 元，可考虑短线止赢。

（四）风险控制：中期底部止跌反弹行情，最佳买点风险值控制在 5% 止损。

（五）实战训练：参见实战图谱 012 所示，短线严格按照技术要领操作。

【道破短线天机】实战图谱 012

图例 012 同方股份（600100）盘口走势图谱

职业操盘手实训要点：

对照软件，认真观察实战图谱，把它们的走势特点写下来：

（1）空间位置：________________________________

（2）均线结构：________________________________

（3）量能结构：________________________________

（4）形态特征：________________________________

（5）操盘决策：________________________________

【道破短线天机】实战图谱 013

图例 013 鲁北化工（600727）日 K 线走势图谱

短线操盘策略分析：

（一）题材热点：公司攻克“海水提钾”技术难关，上马年产 100 万吨复合钾肥项目。

农业概念，直接受益国家三农政策。每股净资产达到 6 元，股价重新估值空间巨大。

（二）技术形态：股价已经放量突破中期底部平台后面临技术性回抽调整。今日放量下跌，股价未能封死跌停板，主力洗盘诱空手法。5 天和 10 天均线系统金叉向上，上升通道趋势明显。

（三）最佳买点：股价盘中放量跌停开板时买进。股价次日盘中继续低开震仓时再买进加仓。短线第一阻力 11 元，可考虑第一阶段短线止赢。

（四）风险控制：中期上升通道回调洗盘行情，最佳买点风险值控制在 5% 止损。

（五）实战训练：参见实战图谱 014 所示，短线严格按照技术要领操作。

【道破短线天机】实战图谱 014

图例 014 鲁北化工（600727）盘口走势图谱

职业操盘手实训要点：

对照软件，认真观察实战图谱，把它们的走势特点写下来：

（1）空间位置：________________

（2）均线结构：________________

（3）量能结构：________________

（4）形态特征：________________

（5）操盘决策：________________

【道破短线天机】实战图谱 015

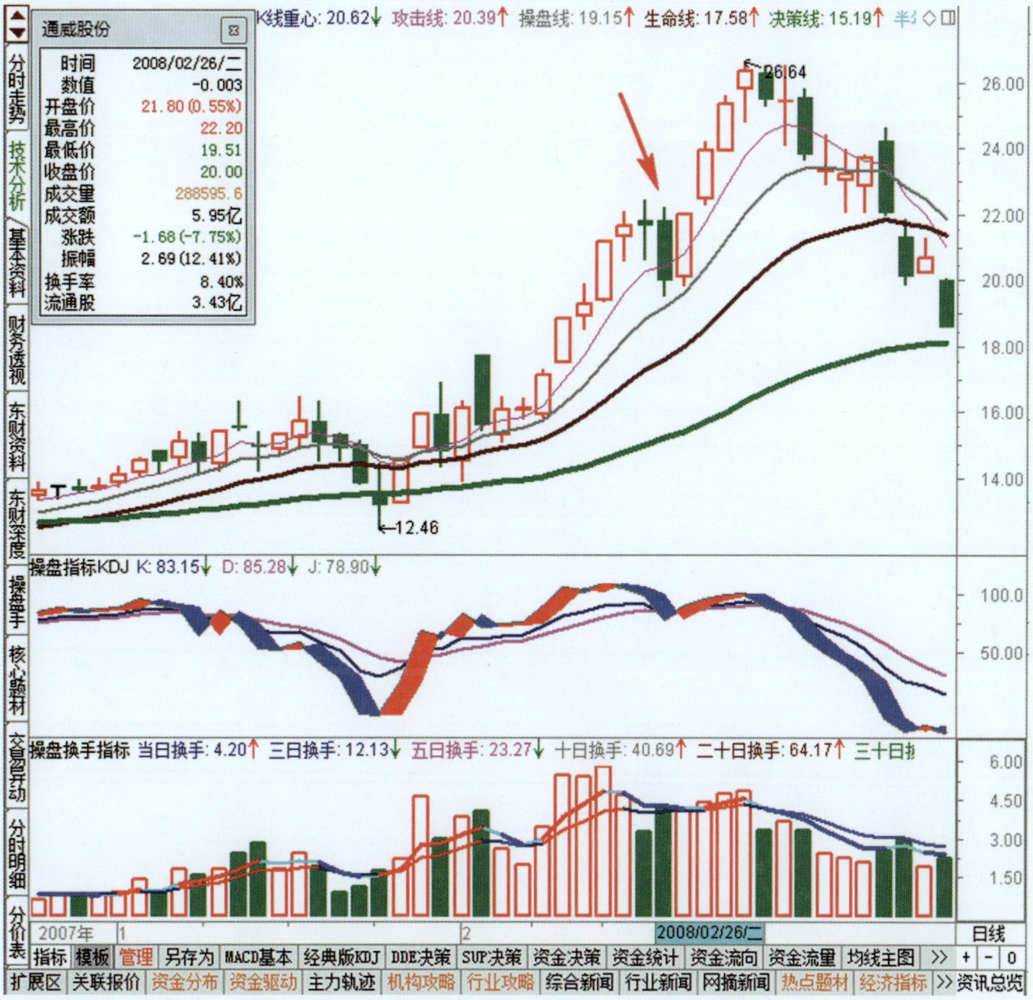

图例 015　通威股份（600438）日 K 线走势图谱

短线操盘策略分析：

（一）题材热点：具备资产置换题材，公司巨资收购集团公司下属永祥公司的多晶硅业务。农业概念，直接受益国家三农政策。2007 年度业绩大幅增长，股价重新估值空间巨大。

（二）技术形态：股价持续拉升，已经运行在中期上升通道中。今日放量下跌，股价未能封死跌停板，是主力典型洗盘诱空手法。股价升幅还未达到目标位，短期还有进一步上攻动能。

（三）最佳买点：股价盘中放量跌停开板时买进。股价次日盘中继续低开震仓时再买进加仓。第一阻力 23 元，可考虑第一阶段短线止赢。

（四）风险控制：中期上升通道回调洗盘行情，最佳买点风险值控制在 5% 止损。

（五）实战训练：参见实战图谱 016 所示，短线严格按照技术要领操作。

【道破短线天机】实战图谱 016

图例 016 通威股份（600438）盘口走势图谱

职业操盘手实训要点：

对照软件，认真观察实战图谱，把它们的走势特点写下来：

（1）空间位置：______________________________

（2）均线结构：______________________________

（3）量能结构：______________________________

（4）形态特征：______________________________

（5）操盘决策：______________________________

第二章

大换手擒庄技法

第一节 大换手擒庄的基本法则

股价单日出现巨大换手，必然是主力发生积极操盘行为的结果（备注：不包括大小非解禁上市流通日的巨大换手现象），无论是因上涨或下跌而产生的巨大换手，一定要引起高度的关注和警惕。因为，这说明短线狙击的绝佳机会已经来临。

通常情况下，股价在拉升阶段的初期，由于股价要突破重要的均线位或者阻力位，均会出现单日巨大的换手率。这是因为，盘中筹码松动的结果所致。如股价第一次突破生命线和决策线时，均会发生较大换手率。在目前股票供给量较大的情况下，单日换手达到6%以上要引起高度的警惕。而单日换手达到10%以上要进入高度的战备状态。具体做法是：在行情软件的动态显示屏的统计值一栏中选择“换手%”，即马上显示两市所有A股的换手排行。然后按照换手率从高到低的顺序，逐一选择并分析换手率大于5%的股票当时技术特征，从中选出目标股票。如果当日换手率大于10%，要密切留意。

第一条狙击法则：

早盘10：30分前，搜索换手率大于5%以上目标股票，这一类股票当天的换手极有可能会达到或超过10%。这种股票的行情必然已经由量变向质变进行转换。

（1）如果目标股票处于上涨阶段初期，当日涨幅达到3%以上，攻击线和操盘线向上金叉运行，则可以在盘中任一价格大胆跟进。该股主力必然已经投入巨资操盘，行情已经正式启动，临盘是典型买进机会。（2）如果目标股票处于上涨阶段中期，当日涨幅达到3%以上，攻击线大角度向上运行，则该股必然已经进入加速上涨阶段，当日有涨停的可能性。因此，临盘应即时买进，机会不可错失。（3）如果目标股票处于中期上升的大调整阶段，当日跌幅达到5%以上，生命线和决策线依然金叉向上运行，则是该股即将出现加速下跌见底趋势，临盘应严密关注，如果尾盘收盘时在生命线受到支撑，则可大胆买进。

第二条狙击法则：

尾盘14：30分前，搜索换手率大于10%以上目标股票，这一类股票当天行情已经形成较为稳定的趋势，主力操盘手法基本明朗，无论是向上攻击还是向下洗盘打压，均已有明确的结果。这是短线动态选股最常用的方法之一，请各位学员反复演练，切实掌握。

（1）如果目标股票处于上涨阶段初期，股价从阶段性底部向上突破，当日涨幅达到8%以上，攻击线和操盘线向上金叉运行，则可以在盘中任一价格大胆跟进。该股主力当日已经投入巨资操盘，上涨趋势已经形成，行情正式启动，临盘是典型买进机会。（2）如果目标股票处于上涨阶段中期，当日涨幅达到5%以上，攻击线大角度向上运行，则该股必然已经进入加速上涨阶段，持续上涨已经成为定局。因此，临盘应即时买进，机会不可错失。（3）如果目标股票处于中期上升趋势的大调整阶段，当日跌幅达到8%以上，生命线和决策线依然金叉向上运行，则是该股加速下跌即将见底，临盘应严密关注并进入高度战备状态。如果尾盘收盘时在生命线受到支撑，而分时系统K线有止跌迹象时，则可大胆买进。

第二节　大换手实战操盘图谱

【道破短线天机】实战图谱017

图例017　华工科技（000988）日K线走势图谱

短线操盘策略分析：

（一）题材热点：具备资产重组题材，公司是国内激光加工设备龙头企业。具备创投概念，投资 1000 万参股武汉华工创业投资有限公司。2007 年度业绩保持持续增长，股价重新估值空间巨大。

（二）技术形态：股价持续拉升，已经运行在中期上升通道中。昨日巨量换手震荡。说明主力已经加大操盘力度。今日开盘继续放量拉升，短期股价将实现向上突破。

（三）最佳买点：股价早盘开盘向下震仓时买进。股价盘中放量突破昨收盘价时再买进加仓。第一阻力 18 元，可考虑第一阶段短线止赢。

（四）风险控制：中期上升通道放量拉升行情，最佳买点风险值控制在 5% 止损。

（五）实战训练：参见实战图谱 018 所示，短线严格按照技术要领操作。

【道破短线天机】实战图谱 018

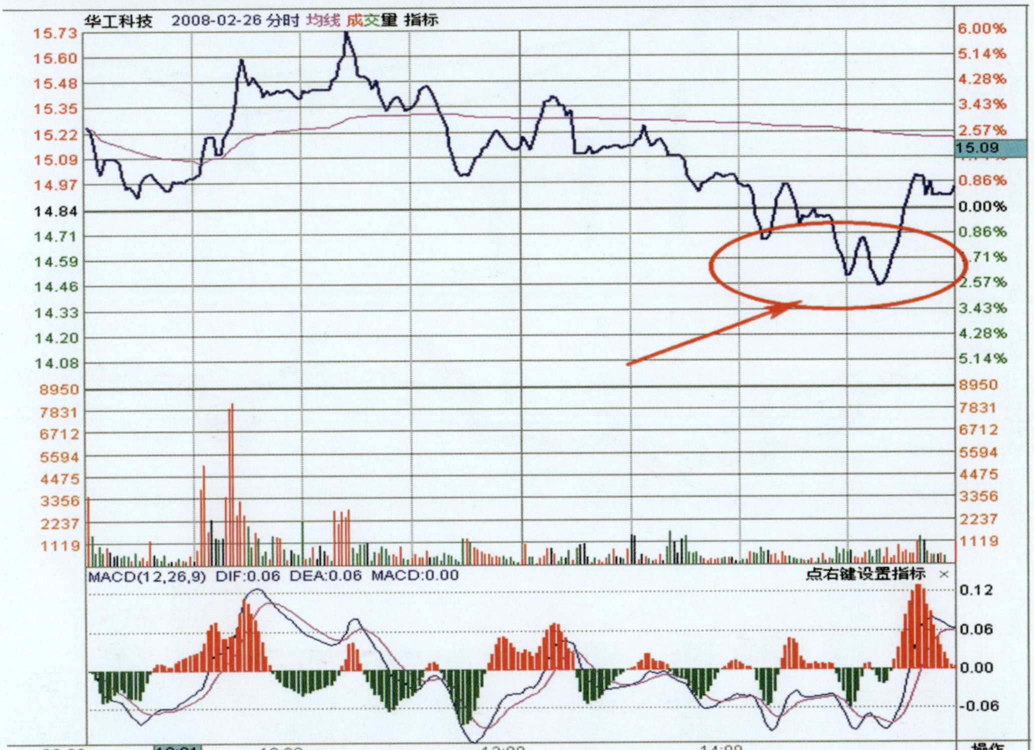

图例 018 华工科技（000988）盘口走势图谱

职业操盘手实训要点：

对照软件，认真观察实战图谱，把它们的走势特点写下来：

（1）空间位置：________________

（2）均线结构：________________

（3）量能结构：________________

（4）形态特征：________________

（5）操盘决策：________________

【道破短线天机】实战图谱 019

图例 019　上海电力（600021）日 K 线走势图谱

短线操盘策略分析：

（一）题材热点：具备资产重组题材，公司巨资重组江苏八菱集团业务。具备集团公司整体上市题材和世博会概念。2007 年度业绩大幅增长，股价重新估值空间巨大。

（二）技术形态：股价已经在决策 60 天均线之下构筑中期大底。今日巨量拉升，盘中二波涨停，主力已经加大操盘力度。股价短线反弹动能极强，将有望挑战前高。

（三）最佳买点：股价盘中第一波拉升回调均价线时买进。股价盘中涨停时再买进加仓。

（四）风险控制：中期底部反弹拉升行情，最佳买点风险值控制在 5% 止损。

（五）实战训练：参见实战图谱 018 所示，短线严格按照技术要领操作。

【道破短线天机】实战图谱 020

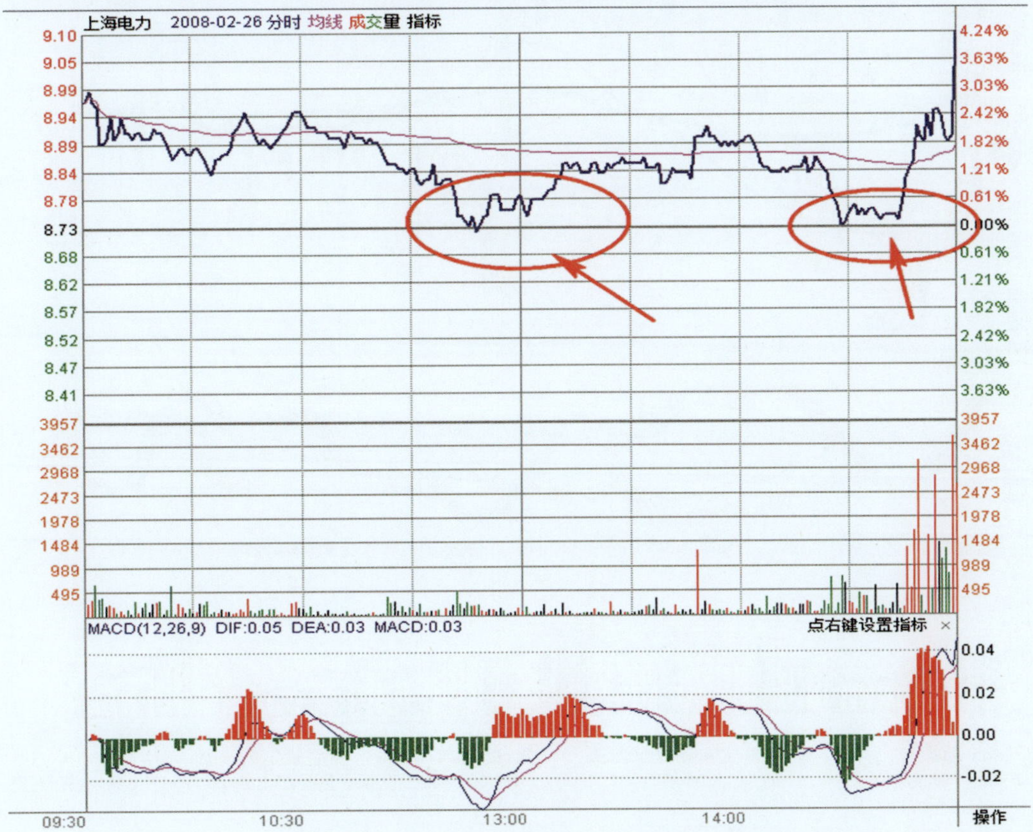

图例 020 上海电力（600021）盘口走势图谱

职业操盘手实训要点：

对照软件，认真观察实战图谱，把它们的走势特点写下来：

（1）空间位置：________________

（2）均线结构：________________

（3）量能结构：________________

（4）形态特征：________________

（5）操盘决策：________________

【道破短线天机】实战图谱 021

图例 021　福星股份（000926）日 K 线走势图谱

短线操盘策略分析：

（一）题材热点：公司逐步转型为湖北省大型房地产企业。低市盈率低估值型地产股。2007 年度业绩保持稳定增长。

（二）技术形态：股价反复震荡企稳 60 天均线，并形成中期底部。昨日股价突破 20 天均线后，说明主力已经加紧操盘计划。5 天和 10 天均线系统已经金叉攻击向上。

（三）最佳买点：股价盘中回调 20 天均线时买进。股价盘中继续回调 5 天均线时再买进加仓。第一阻力 16 元，可考虑短线止赢。

（四）风险控制：中期底部区域短线突破拉升，最佳买点风险值控制在 5% 止损。

（五）实战训练：参见实战图谱 022 所示，短线严格按照技术要领操作。

【道破短线天机】实战图谱 022

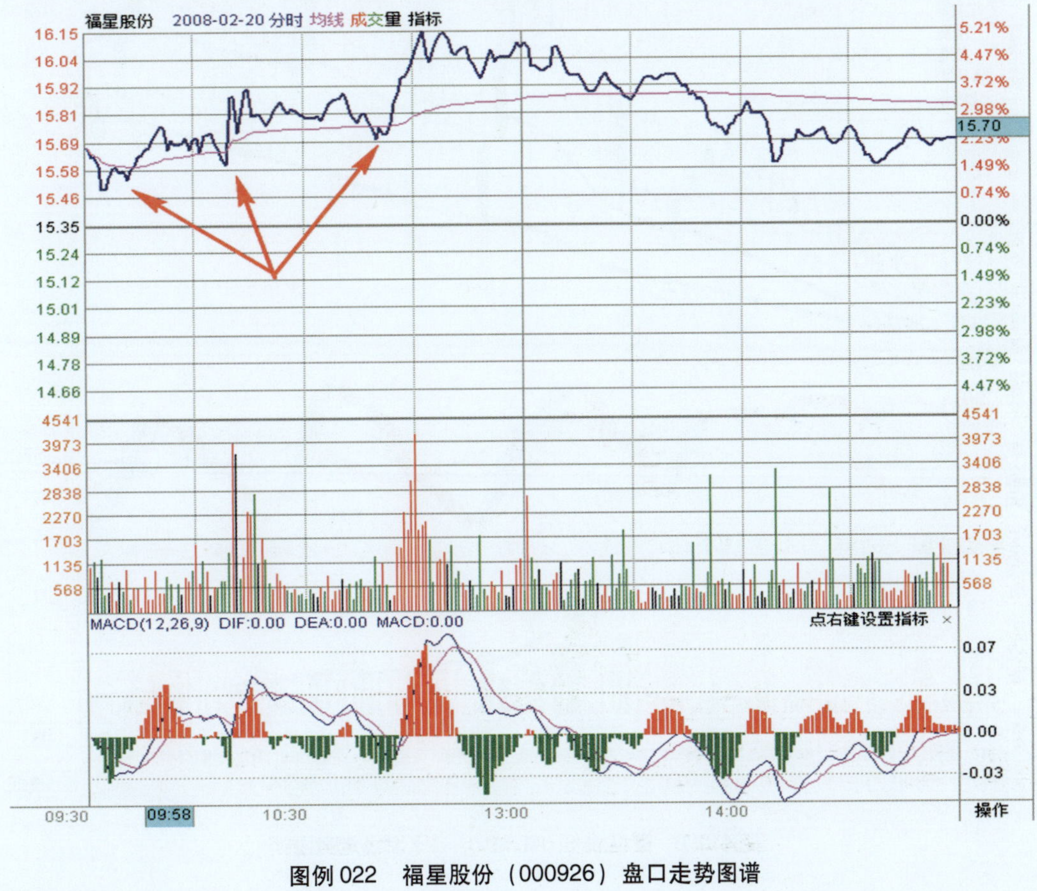

图例 022　福星股份（000926）盘口走势图谱

职业操盘手实训要点：

对照软件，认真观察实战图谱，把它们的走势特点写下来：

（1）空间位置：________________

（2）均线结构：________________

（3）量能结构：________________

（4）形态特征：________________

（5）操盘决策：________________

【道破短线天机】实战图谱 023

图例 023 黔轮胎（000589）日 K 线走势图谱

短线操盘策略分析：

（一）题材热点：公司主营全钢胎业务，生产与销售规模行业前五名。具备集团公司整体上市题材。2007 年度业绩保持稳定增长。

（二）技术形态：股价下跌至 20 天均线后展开反弹，并形成短期底部。5 天均线系统已经拐头攻击向上。今日盘中放量突破 10 天操盘线，主力有意加大操盘力度。

（三）最佳买点：股价盘中突破 10 天均线时买进。股价次日回调 10 天均线时再买进加仓。第一阻力 13 元，可考虑短线止赢。第二阻力 14 元，可考虑短线止赢。

（四）风险控制：短期底部区域短线反弹，最佳买点风险值控制在 5% 止损。

（五）实战训练：参见实战图谱 022 所示，短线严格按照技术要领操作。

【道破短线天机】实战图谱 024

图例 024 黔轮胎（000589）盘口走势图谱

职业操盘手实训要点：

对照软件，认真观察实战图谱，把它们的走势特点写下来：

（1）空间位置：______________________

（2）均线结构：______________________

（3）量能结构：______________________

（4）形态特征：______________________

（5）操盘决策：______________________

【道破短线天机】实战图谱 025

图例 025　银基发展（000511）日 K 线走势图谱

短线操盘策略分析：

（一）题材热点：资产和业务整合，打造沈阳地区优质地产企业。具备集团公司整体上市题材。2007 年度业绩保持稳定增长，并推出高送配分红预案。

（二）技术形态：股价两次击穿 20 天均线后均获得支撑，并形成上升中继平台。连续三日温和放量阳线攻击，股价形成加速拉升趋势。5 天和 10 天均线系统已经金叉攻击向上。今日盘中放量突破平台上轨，换手率达到 9% 以上，主力已经加大操盘力度。

（三）最佳买点：股价盘中高开回调不破昨收盘价时买进。股价次日回调平台上轨时再买进加仓。第一阻力 16 元附近，可考虑短线止赢。

（四）风险控制：上升中继平台区域突破拉升，最佳买点风险值控制在 10% 止损。

（五）实战训练：参见实战图谱 026 所示，短线严格按照技术要领操作。

【道破短线天机】实战图谱 026

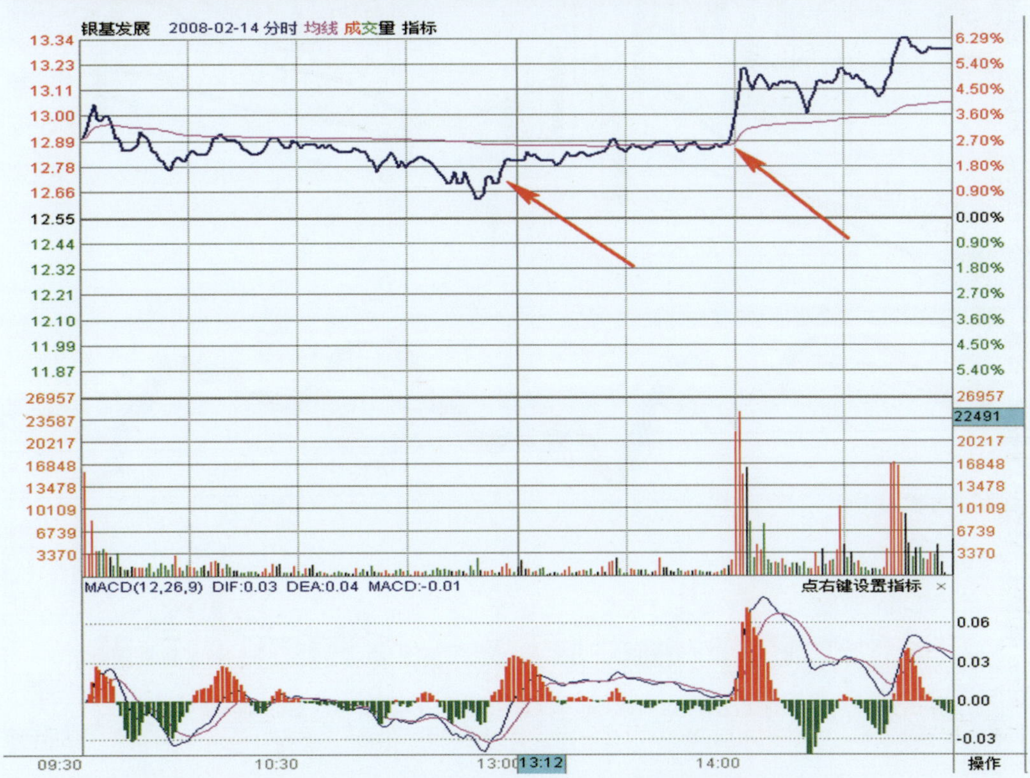

图例 026 银基发展（000511）盘口走势图谱

职业操盘手实训要点：

对照软件，认真观察实战图谱，把它们的走势特点写下来：

（1）空间位置：________________________________

（2）均线结构：________________________________

（3）量能结构：________________________________

（4）形态特征：________________________________

（5）操盘决策：________________________________

【道破短线天机】实战图谱 027

图例 027 亚盛集团（600108）日 K 线走势图谱

短线操盘策略分析：

（一）题材热点：公司为西北地区龙头型农业企业，受惠国家三农政策。大股东资产置换概念。2007 年度业绩大幅增长。

（二）技术形态：股价突破 10 天均线后，短线形成向上攻击态势。股价在 60 天均线之上的中期大底已经基本构筑完毕。5 天和 10 天均线系统已经金叉攻击向上。今日放量冲高，盘中攻击受阻，短线将进行技术性回调 20 天均线。

（三）最佳买点：股价盘中回调 5 天均线时买进。股价次日继续回调 20 天均线时再买进加仓。第一阻力 10 元，可考虑短线止赢。

（四）风险控制：中期底部区域短线突破拉升，最佳买点风险值控制在 10% 止损。

（五）实战训练：参见实战图谱 028 所示，短线严格按照技术要领操作。

【道破短线天机】实战图谱 028

图例 028 亚盛集团（600108）盘口走势图谱

职业操盘手实训要点：

对照软件，认真观察实战图谱，把它们的走势特点写下来：

（1）空间位置：____________________

（2）均线结构：____________________

（3）量能结构：____________________

（4）形态特征：____________________

（5）操盘决策：____________________

【道破短线天机】实战图谱 029

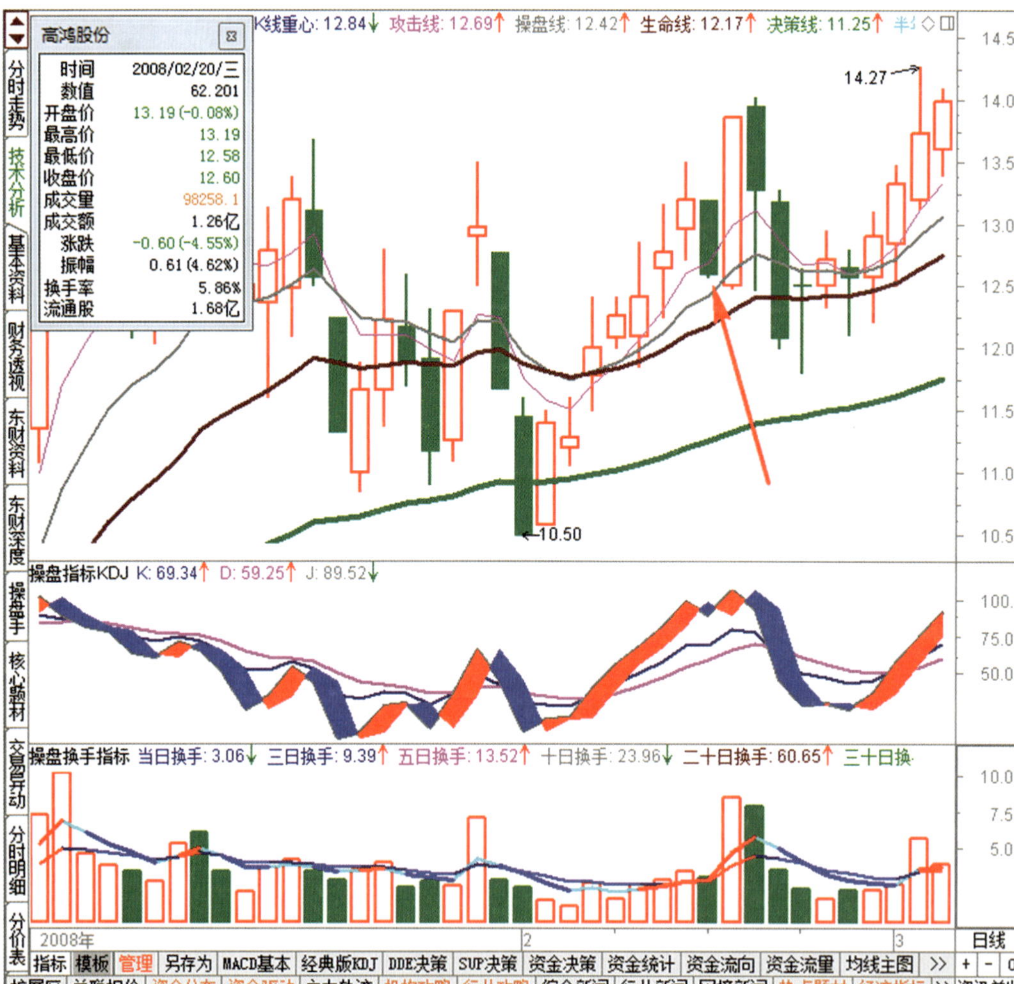

图例 029　高鸿股份（000851）日 K 线走势图谱

短线操盘策略分析：

（一）题材热点：央企整合概念。控股股东为国家电信科学技术研究院。具备3G题材。进入TD通信传输网设备领域，处于垄断地位。2007年度业绩大幅增长。

（二）技术形态：股价最近的七连阳K线结构形成典型的攻击状态。5天和10天均线系统已经金叉攻击向上。今日低开低走，盘中展开调整，短线进行技术性回调20天均线。

（三）最佳买点：股价盘中回调5天均线时买进。股价次日继续回调20天均线时再买进加仓。第一阻力14元，可考虑短线止赢。

（四）风险控制：中期底部区域短线突破拉升，最佳买点风险值控制在10%止损。

（五）实战训练：参见实战图谱030所示，短线严格按照技术要领操作。

【道破短线天机】实战图谱030

图例030 高鸿股份（000851）盘口走势图谱

职业操盘手实训要点：

对照软件，认真观察实战图谱，把它们的走势特点写下来：

（1）空间位置：____________________

（2）均线结构：____________________

（3）量能结构：____________________

（4）形态特征：____________________

（5）操盘决策：____________________

【道破短线天机】实战图谱 031

图例 031　贵航股份（600523）日 K 线走势图谱

短线操盘策略分析：

（一）题材热点：具备军工题材，我国汽配行业龙头企业。潜在集团优质资产注入题材。

2007 年度业绩增长 80%。

（二）技术形态：股价经过前段时间的洗盘后持续拉升，已经形成一个较好的中期上升通道。股价三天的上涨量能没有超过洗盘前。5 天和 10 天均线系统已经金叉攻击向上。今日盘中展开震荡，主力欲化解技术上压力，同时还要可能进一步调整。

（三）最佳买点：股价盘中回调 5 天均线时买进。股价次日如展开洗盘，则在 10 天均线时再买进加仓。第一阻力 19 元，可考虑短线止赢。

（四）风险控制：上升通道中震荡盘升，最佳买点风险值控制在 5% 止损。

（五）实战训练：参见实战图谱 032 所示，短线严格按照技术要领操作。

【道破短线天机】实战图谱 032

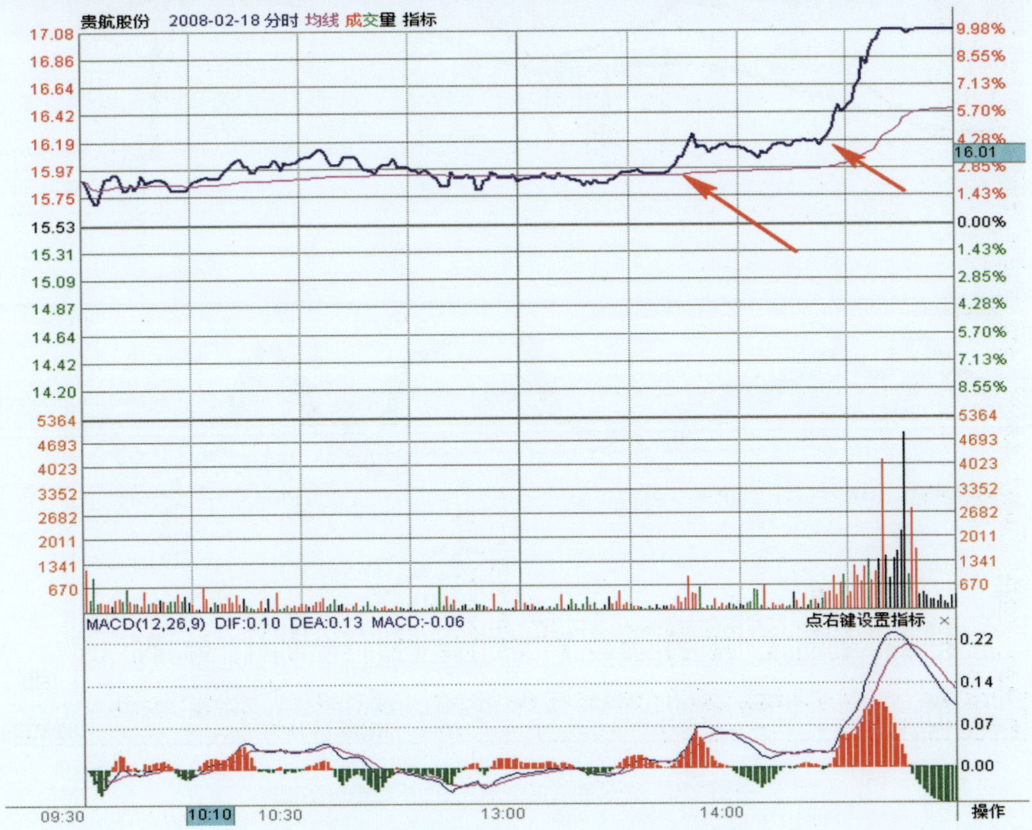

图例 032　贵航股份（60052）盘口走势图谱

职业操盘手实训要点：

对照软件，认真观察实战图谱，把它们的走势特点写下来：

（1）空间位置：__________

（2）均线结构：__________

（3）量能结构：__________

（4）形态特征：__________

（5）操盘决策：__________

【道破短线天机】实战图谱 033

图例 033　法尔胜（000890）日 K 线走势图谱

短线操盘策略分析：

（一）题材热点：具备大风雪灾后重建题材，我国光纤设备行业龙头企业。国内钢丝绳业务垄断地位，同时具备军工和3G题材。2007年度业绩保持持续增长。

（二）技术形态：股价在60天均线企稳后，连续放量拉升并有效突破底部平台。股价突破后面临技术性调整。5天和10天均线系统已经金叉攻击向上。主力连续拉升有拉高建仓的特征，操盘力度正在加大。

（三）最佳买点：股价次日展开洗盘回调10天均线时买进。股价如大力洗盘，则在回调20天均线时再买进加仓。第一阻力8元，可考虑短线止赢。

（四）风险控制：短线突破底部平台后面临调整，最佳买点风险值控制在5%止损。

（五）实战训练：参见实战图谱034所示，短线严格按照技术要领操作。

【道破短线天机】实战图谱034

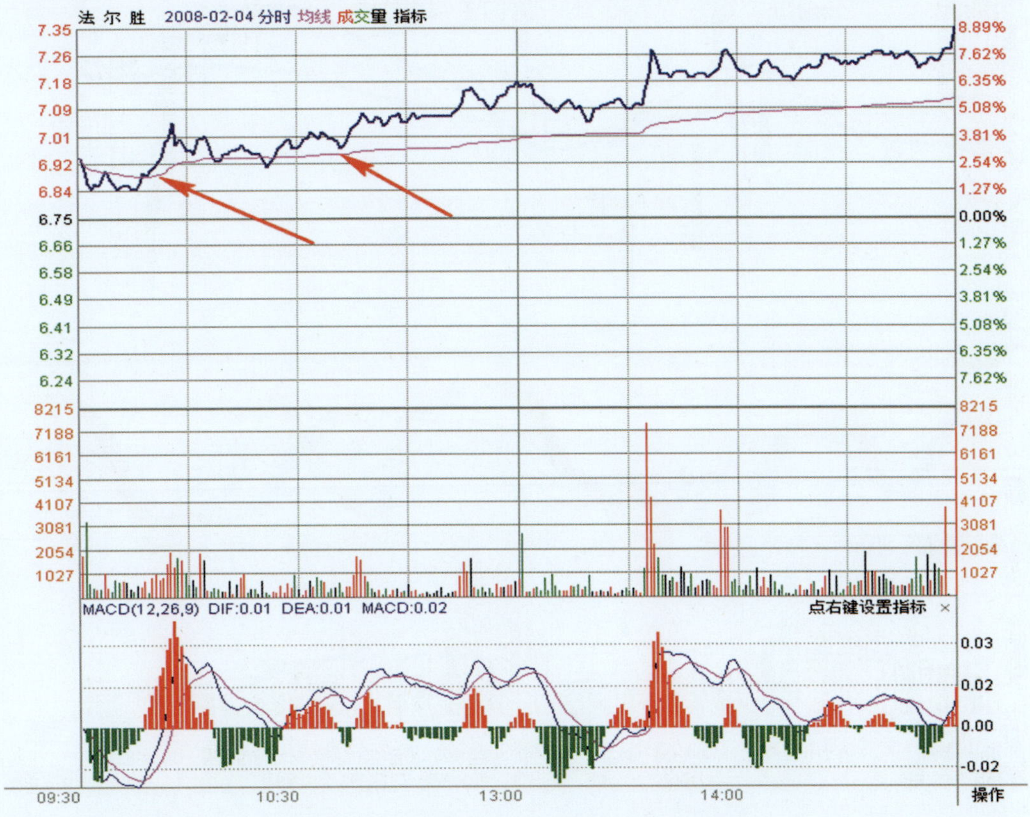

图例034 法尔胜（000890）盘口走势图谱

职业操盘手实训要点：

对照软件，认真观察实战图谱，把它们的走势特点写下来：

（1）空间位置：________________

（2）均线结构：________________

（3）量能结构：________________

（4）形态特征：________________

（5）操盘决策：________________

【道破短线天机】实战图谱 035

图例 035 新海宜（002089）日 K 线走势图谱

短线操盘策略分析：

（一）题材热点：具备3G题材，主营通信网络配线管理系统，拥有良好的电信业务资源优势。具备创投题材。2007年度业绩增长27%。

（二）技术形态：股价在60天均线企稳后，短线放量反弹拉升，并构成V形底部特征。

股价突破20天均线有技术上回调的要求。5天和10天均线系统已经金叉攻击向上，形成短期上升通道。今日盘中展开震荡，股价还要可能进一步调整。

（三）最佳买点：股价盘中回调5天均线时买进。股价次日如展开洗盘，则在20天均线时再买进加仓。第一阻力19元，可考虑短线止赢。

（四）风险控制：底部区域反弹盘升，最佳买点风险值控制在5%止损。

（五）实战训练：参见实战图谱036所示，短线严格按照技术要领操作。

【道破短线天机】实战图谱036

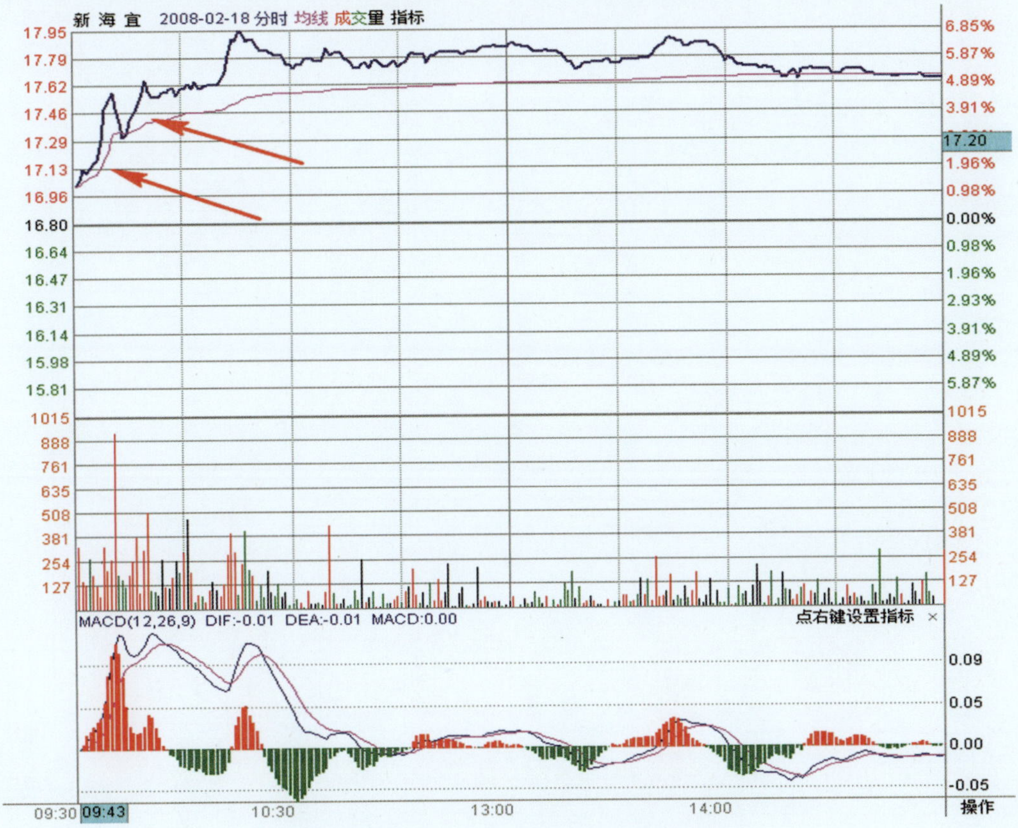

图例036 新海宜（002089）盘口走势图谱

职业操盘手实训要点：

对照软件，认真观察实战图谱，把它们的走势特点写下来：

（1）空间位置：________________________________

（2）均线结构：________________________________

（3）量能结构：________________________________

（4）形态特征：________________________________

（5）操盘决策：________________________________

第三章

分钟图短线技术

第一节　60 分钟超短线绝杀技

分时操盘技术系统是超级短线高手的绝杀技。由于本系统相对日线操盘技术系统而言，在时间和空间上更加超前，买进和卖出技术信号的灵敏度更高，因此，是所有短线高手梦寐以求的最高境界。与此同时，由于分时操盘技术系统有着技术信号灵敏度高和信号时间极短的操盘技术特征，更容易被主力操盘手所利用。因此，其中的操盘陷阱更多。这也是令许多短线爱好者纷纷折戟沉沙、饮恨终生的战场。当然，有志者事竟成！只要您严格遵守操盘纪律，恪守您的投资原则，分时操盘技术系统将是您成为超级短线高手的不二法宝！您也会像笔者当年一样获得巨大的成功！

均线系统：攻击线 5、操盘线 10、生命线 30、决策线 60、趋势线 120

指标系统：KDJ、均量线 5、60

操盘秘诀：

一、突破买进

（1）以通达信软件 61 龙虎综合排行榜进行监控，每 30 分钟或 45 分钟筛选一次盘面，发现涨幅榜前 48 名当时涨幅在 5% 以上、当时强度在 5 以上、换手率在 5% 以上的强势股票。

（2）60 分钟图谱上，则可见攻击 5 线和操盘 10 线上穿生命 20 线和决策 60 线，趋势 120 线继续向上运行，同时各均线系统呈多头排列。

（3）KDJ 等各指标系统全部金叉向上，均量 5 线上穿均量 60 线，柱状成交量为最近 30 个小时内最大量。

（4）60 分钟 K 线明显带巨量上涨并突破重要技术位，突破型 K 线换手率达 3% 以上，换手越大越好。

（5）在突破重要技术位时，最好曾于前五个 K 线组合中放量蓄势为最佳。

（6）同时，反映在即时图中，当日各时间段均出现典型买进信号。

（7）操盘策略激进型：临盘在第一个 60 分钟即将成型时迅速下单，即 45 – 50 分钟之间买进，此时股价攻击趋势已经基本定型。如果股价涨停，则在涨停价买进。稳妥型：临盘可以待第一个 60 分钟 K 线成型，第二个 60 分钟 K 线开盘时现价下单买进。

二、回档买进

（1）以通达信交易系统软件进行3日和5日区间强弱度、换手率、涨幅排行筛选盘面，发现3日强度在20以上、5日强度在40以上；3日换手率在35%以上、5日换手率在60%以上、3日涨幅在20%以上、5日涨幅在40%以上的强势股。

（2）60分钟图谱上，则可见生命20线、决策60线和趋势120线均线呈多头排列，而攻击5线、操盘10线则横盘或略微向下调整；K线系统滞涨。

（3）60分钟KDJ死叉向下，其中J值进入0或负值，出现跌势乏力的状态。

（4）量能呈现规则性萎缩，均量5线拐头向下，并在均量60线上获得支撑（前期换手率大于50%的品种可放宽到均量5线击穿均量60线的技术要求）。

（5）当K线系统缩量第一次回调至生命20线受到支撑时，临盘即进入回档性买进价值区域，可以即时买进。

（6）当K线系统缩量第二次回调至决策60线受到支撑时，临盘即进入回档性买进价值区域，可以即时买进。

（7）当K线系统缩量第三次回调至趋势120线受到支撑时，临盘即进入回档性买进价值区域，可以即时买进。

三、卖出策略

（1）60分钟出现放量滞涨或价升量跌时，这是股价见顶信号。

（2）若KDJ指标出现高位死叉或背离现象，股价明显见顶。

（3）若均量5线下穿均量60线，股价短线已缺乏攻击力将展开调整或下跌。

（4）若K线系统出现带长上影线的十字墓碑或中小阴阳K线，说明股价已经完全见顶。

（5）若股价击穿操盘线，再次上攻时不创新高，攻击线出现向下拐头现象，说明股价见顶。出现上述五大特征中的任意一项，临盘均可考虑迅速卖出。

四、临盘买进技术修正和持仓策略

（1）股价日K线图是否在上升初期或中期？如是，则满仓。

（2）股价日K线图是否在上升末期的头部整理阶段？如是，则轻仓。

（3）股价日K线图KDJ指标是否在低位开始金叉？如是，则重仓。

（4）股价周K线图KDJ指标是否在低位开始金叉？如是，则满仓。

（5）股价月K线图KDJ指标是否在低位开始金叉？如是，则满仓。

（6）股价日K线图是否于昨日放量收阳？如是，则中仓或满仓。

(7) 股价日 K 线图是否于昨日第一次放量涨停？如是，则满仓。

(8) 股价日 K 线图是否在下跌初期？如是，则轻仓。

(9) 股价日 K 线图是否在下跌中期？如是，则观望。

(10) 股价日 K 线图是否在下跌末期的底部整理阶段？如是，则轻仓或中仓。

五、操盘技术注释

(1) 在股价上升阶段中期、下跌末期和长期横盘末期，敢于突然大幅拉升的股票，如果昨日也放量收阳 K 线，则说明主力已经在昨日就开始行动，今天的上涨是有计划性的操盘行为。

(2) 在股价上升阶段中期、下跌末期和长期横盘末期，如果昨日缩量收阴 K 线，则说明股价下跌动能衰竭，今天的上涨是主力主动出击的操盘行为。

(3) 在股价上升阶段中期、下跌末期和长期横盘末期，如果昨日放量收阴 K 线，则说明昨日的下跌是典型的诱空动作，今天的上涨（尤其是涨停）是主力有计划性的操盘行为。

(4) 临盘讲究买进的时机、点位、技术形态和速度，严格利用 60 分钟操盘技术系统锁定短线黑马。

【道破短线天机】实战图谱 037

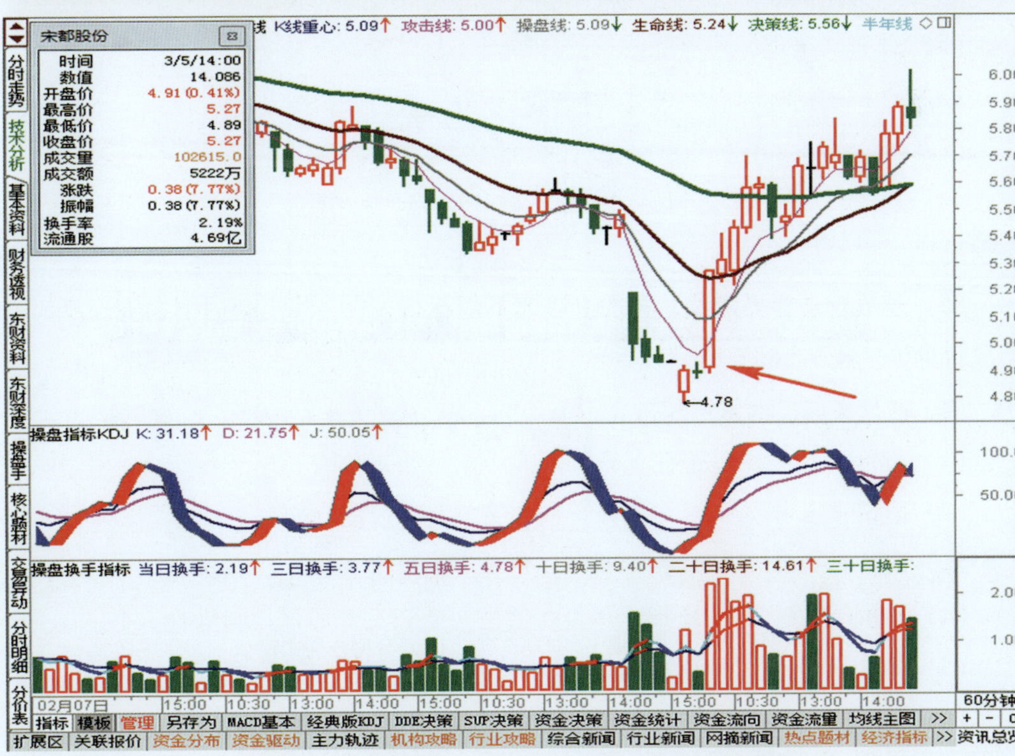

图例 037 宋都股份（600077）60 分钟 K 线走势图谱

短线操盘策略分析：

（一）技术形态：股价在5元下方形成尖刀底结构。攻击5线和操盘10线系统已经突破生命20线和决策60线。今日放量股价已经突破5元颈线阻力位，进入加速拉升状态。

（二）最佳买点：股价早盘突破5元底部颈线阻力位时买进。

（三）止赢原则：未来10小时内升幅达到5%以上，可考虑第一阶段短线止赢。未来20小时内升幅达到10%以上，可考虑第二阶段短线止赢。

（四）风险控制：短线上升通道中加速拉升行情，最佳买点风险值控制在5%止损。

（五）实战训练：参见实战图谱038所示，短线严格按照技术要领操作。

【道破短线天机】实战图谱038

图例038 宋都股份（600077）10日分时走势图谱

职业操盘手实训要点：

对照软件，认真观察实战图谱，把它们的走势特点写下来：

（1）空间位置：________________

（2）均线结构：________________

（3）量能结构：________________

（4）形态特征：________________

（5）操盘决策：________________

【道破短线天机】实战图谱 039

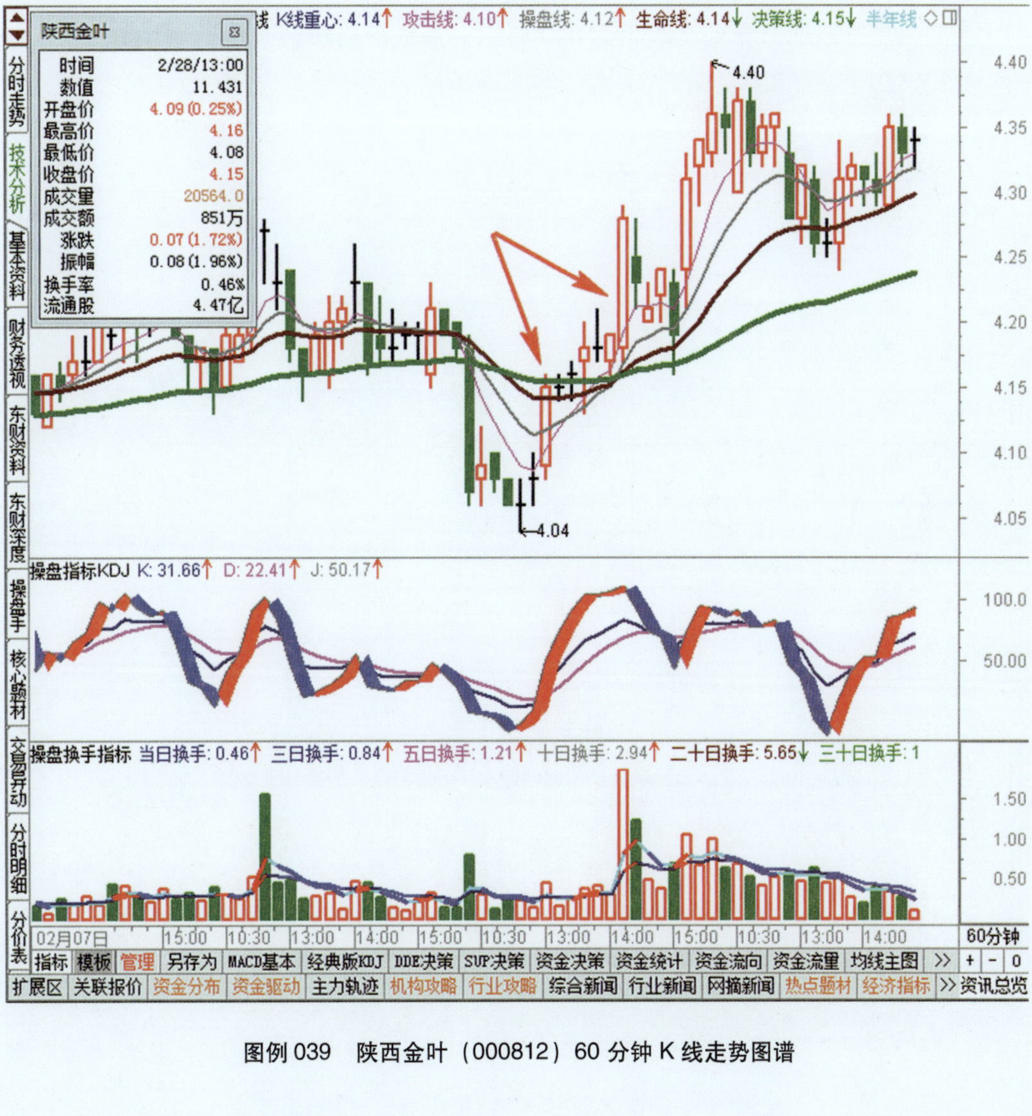

图例 039 陕西金叶（000812）60 分钟 K 线走势图谱

短线操盘策略分析：

（一）技术形态：股价在趋势 60 线下方反复震荡构筑短线底部。攻击 5 线和操盘 10 线系统已经突破生命 20 线和决策 60 线。今日放量突破趋势 60 线阻力位，进入反弹状态。

（二）最佳买点：股价早盘高开突破趋势 60 线阻力位时买进。

（三）止赢原则：未来 8 小时内升幅达到 5% 以上，可考虑第一阶段短线止赢。未来 15 小时内升幅达到 10% 以上，可考虑第二阶段短线止赢。

（四）风险控制：短线上升通道中加速拉升行情，最佳买点风险值控制在 5% 止损。

（五）实战训练：参见实战图谱 040 所示，短线严格按照技术要领操作。

【道破短线天机】实战图谱 040

图例 040　陕西金叶（000812）10 日分时走势图谱

职业操盘手实训要点：

对照软件，认真观察实战图谱，把它们的走势特点写下来：

（1）空间位置：________________________________

（2）均线结构：________________________________

（3）量能结构：________________________________

（4）形态特征：________________________________

（5）操盘决策：________________________________

【道破短线天机】实战图谱 041

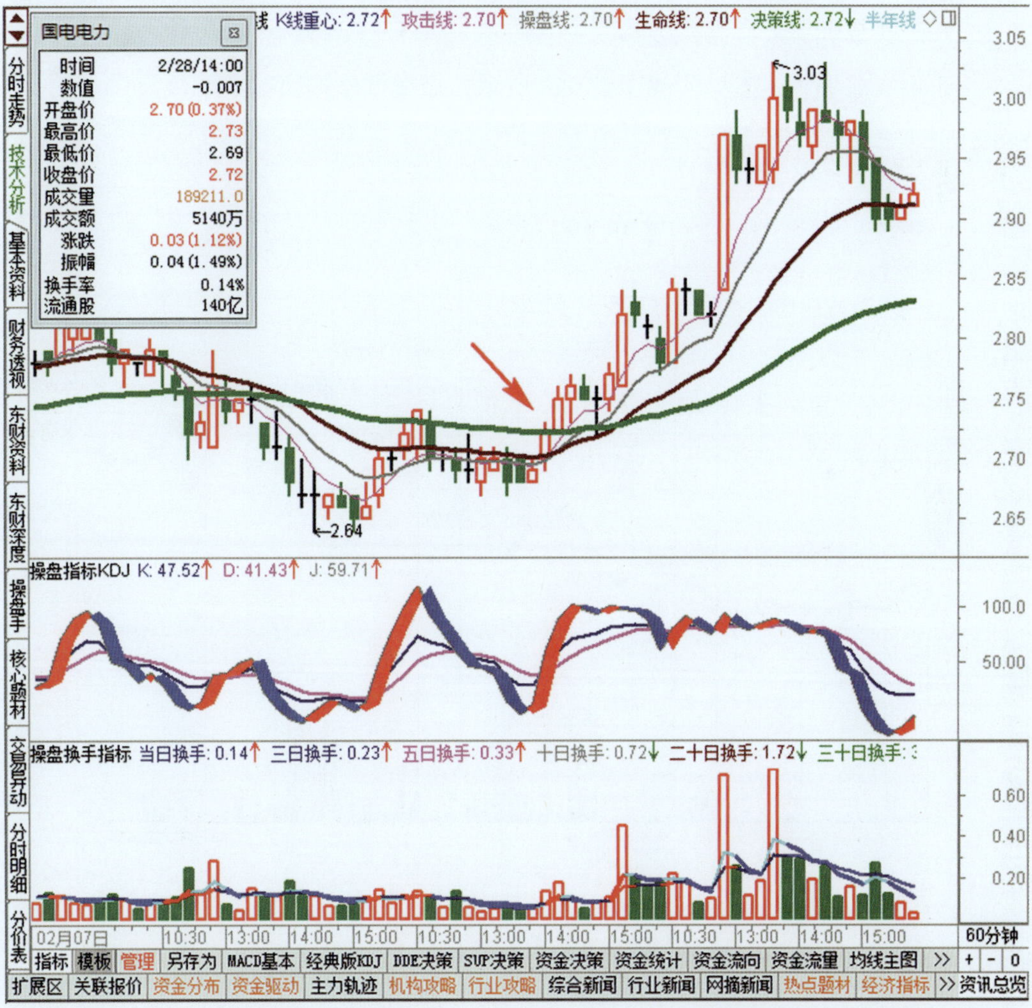

图例 041　国电电力（600795）60 分钟 K 线走势图谱

短线操盘策略分析：

（一）技术形态：股价在围绕生命20线反复震荡构筑短线三重底底部结构。攻击5线和操盘10线系统已经突破生命20线和决策60线。今日股价高开放量震荡，股价进行技术性调整。阶段性底部已经进入确认阶段。

（二）最佳买点：股价早盘高开回调跌破开盘价时买进。次日盘中回调时再买进加仓。

（三）止赢原则：未来8小时内升幅达到5%以上，可考虑第一阶段短线止赢。未来15小时内升幅达到10%以上，可考虑第二阶段短线止赢。

（四）风险控制：短线上升通道中加速拉升行情，最佳买点风险值控制在5%止损。

（五）实战训练：参见实战图谱042所示，短线严格按照技术要领操作。

【道破短线天机】实战图谱042

图例042 国电电力（600795）10日分时走势图谱

职业操盘手实训要点：

对照软件，认真观察实战图谱，把它们的走势特点写下来：

（1）空间位置：______________________________

（2）均线结构：______________________________

（3）量能结构：______________________________

（4）形态特征：______________________________

（5）操盘决策：______________________________

【道破短线天机】实战图谱 043

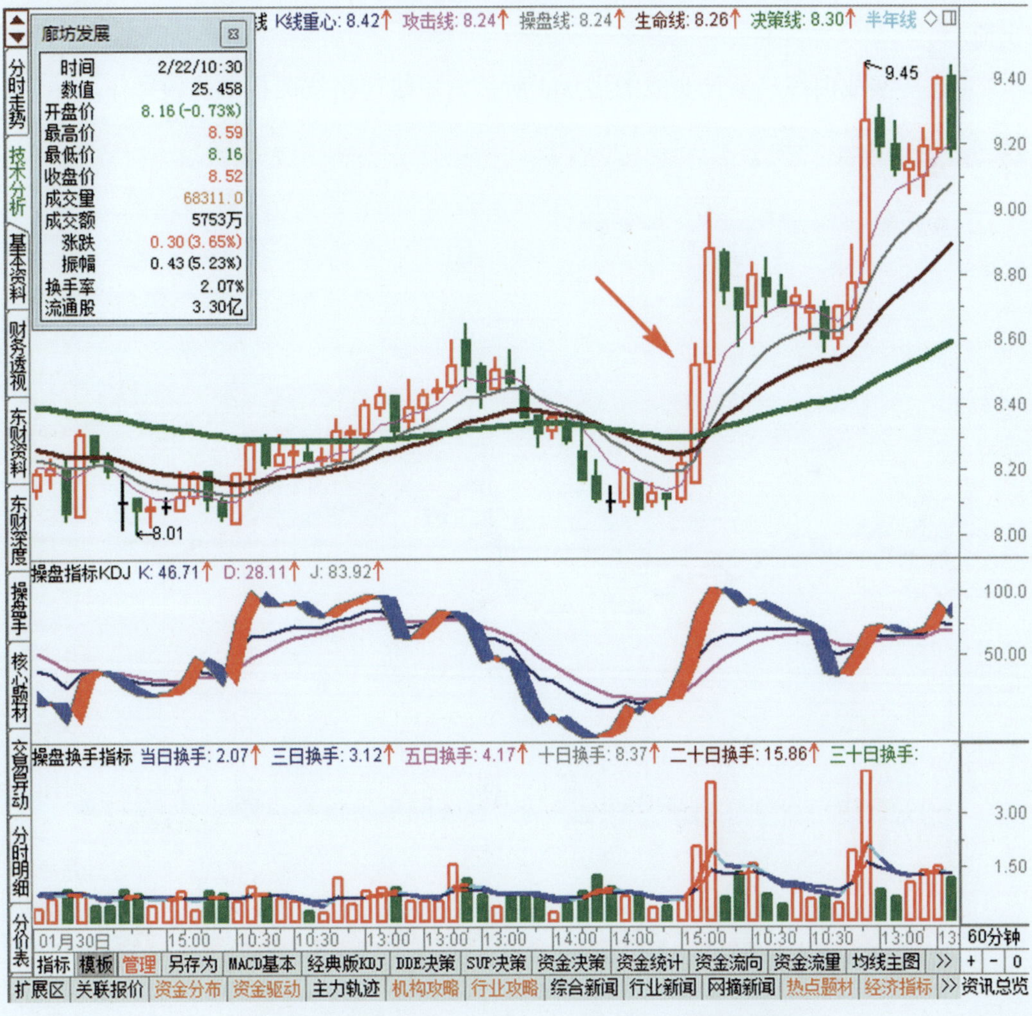

图例 043 廊坊发展（600149）60 分钟 K 线走势图谱

短线操盘策略分析：

（一）技术形态：股价在生命20线上方反复震荡盘升。攻击5线和操盘10线系统形成典型短线上升通道。今日股价放量突破8．20元阻力位，股价进入加速拉升状态。

（二）最佳买点：股价早盘低开突破8．20元阻力位时买进。尾盘收市时再买进加仓。

（三）止赢原则：未来8小时内升幅达到5%以上，可考虑第一阶段短线止赢。未来15小时内升幅达到10%以上，可考虑第二阶段短线止赢。

（四）风险控制：短线上升通道中加速拉升行情，最佳买点风险值控制在5%止损。

（五）实战训练：参见实战图谱044所示，短线严格按照技术要领操作。

【道破短线天机】实战图谱044

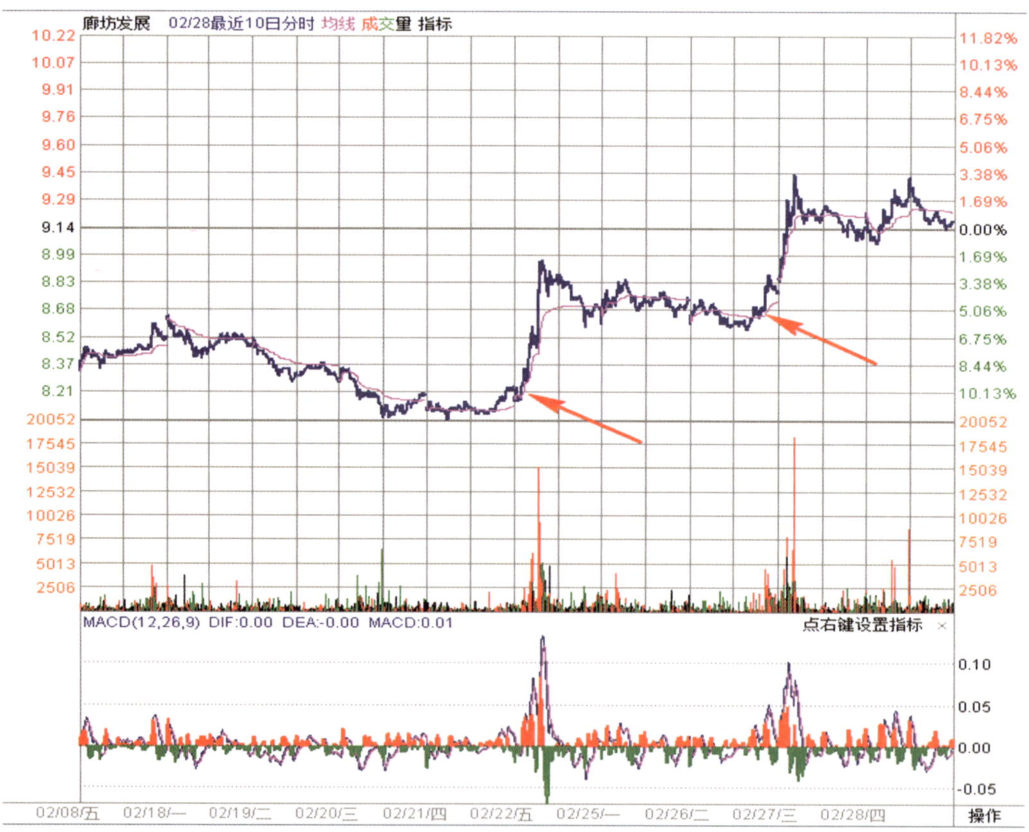

图例044 廊坊发展（600149）10日分时走势图谱

职业操盘手实训要点：

对照软件，认真观察实战图谱，把它们的走势特点写下来：

（1）空间位置：______________________________

（2）均线结构：______________________________

（3）量能结构：______________________________

（4）形态特征：______________________________

（5）操盘决策：______________________________

【道破短线天机】实战图谱 045

图例 045　洪城股份（600566）60 分钟 K 线走势图谱

短线操盘策略分析：

（一）技术形态：股价经过前段时间的拉升冲高回调击穿操盘10线，并展开反复震荡。

生命20线和决策60线系统金叉向上，形成攻击状态。今日股价继续缩量窄幅整理，短线调整即将结束。

（二）最佳买点：股价次日低开跌穿7元支撑位时买进。股价次日调整至生命20线附近时再买进加仓。

（三）止赢原则：未来8小时内升幅达到5%以上，可考虑第一阶段短线止赢。未来15小时内升幅达到10%以上，可考虑第二阶段短线止赢。

（四）风险控制：短线上升通道中加速拉升行情，最佳买点风险值控制在5%止损。

（五）实战训练：参见实战图谱046所示，短线严格按照技术要领操作。

【道破短线天机】实战图谱046

图例046 洪城股份（600566）10日分时走势图谱

职业操盘手实训要点：

对照软件，认真观察实战图谱，把它们的走势特点写下来：

（1）空间位置：________________

（2）均线结构：________________

（3）量能结构：________________

（4）形态特征：________________

（5）操盘决策：________________

【道破短线天机】实战图谱 047

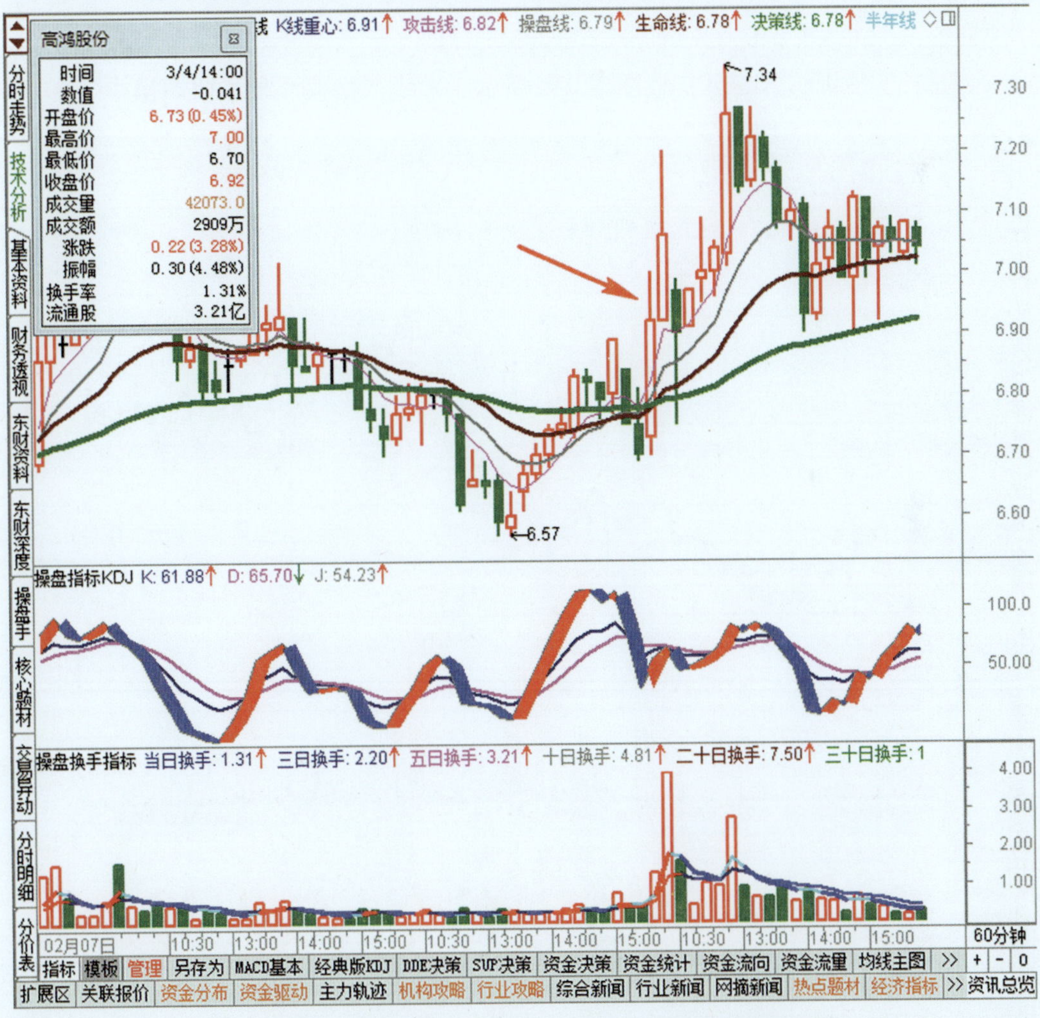

图例 047　高鸿股份（000851）60 分钟 K 线走势图谱

短线操盘策略分析：

（一）技术形态：股价已经温和放量突破并企稳在生命 20 线上方。攻击 5 线和操盘 10 线系统发生金叉，形成短线攻击状态。今日股价缩量震荡窄幅整理，短线即将向上突破。

（二）最佳买点：盘中回调 10 日均线支撑位时买进。次日攻击突破 7 元时再加仓。

（三）止赢原则：未来 8 小时内升幅达到 5% 以上，可考虑第一阶段短线止赢。未来 15 小时内升幅达到 10% 以上，可考虑第二阶段短线止赢。

（四）风险控制：短线上升通道中加速拉升行情，最佳买点风险值控制在 5% 止损。

（五）实战训练：参见实战图谱 048 所示，短线严格按照技术要领操作。

【道破短线天机】实战图谱 048

图例 048 高鸿股份（000851）10 日分时走势图谱

职业操盘手实训要点：

对照软件，认真观察实战图谱，把它们的走势特点写下来：

（1）空间位置：____________________

（2）均线结构：____________________

（3）量能结构：____________________

（4）形态特征：____________________

（5）操盘决策：____________________

【道破短线天机】实战图谱 049

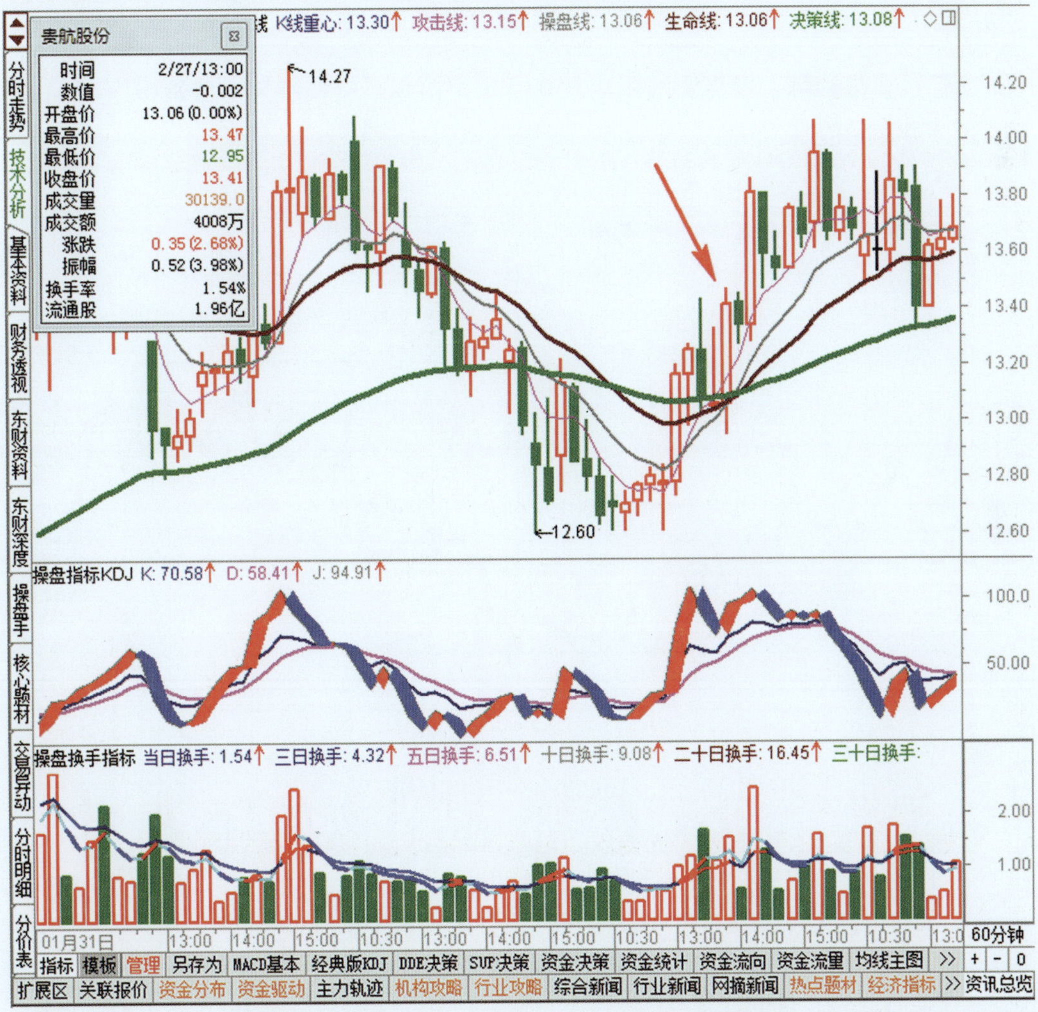

图例 049 贵航股份（600523）60 分钟 K 线走势图谱

短线操盘策略分析：

（一）技术形态：股价在突破 60 日均线后反复震荡盘升，形成两个梯次的攻击波形。

第二个攻击波完成之后，股价回落至生命 20 线之上受到支撑。

（二）最佳买点：股价回调生命 20 线支撑位时买进。次日如回调 60 日均线时再加仓。

（三）止赢原则：未来 8 小时内升幅达到 5% 以上，可考虑第一阶段短线止赢。未来 15 小时内升幅达到 10% 以上，可考虑第二阶段短线止赢。

（四）风险控制：短线上升通道中加速拉升行情，最佳买点风险值控制在 5% 止损。

（五）实战训练：参见实战图谱 050 所示，短线严格按照技术要领操作。

【道破短线天机】实战图谱 050

图例 050 贵航股份（600523）10 日分时走势图谱

职业操盘手实训要点：

对照软件，认真观察实战图谱，把它们的走势特点写下来：

（1）空间位置：____

（2）均线结构：____

（3）量能结构：____

（4）形态特征：____

（5）操盘决策：____

【道破短线天机】实战图谱 051

图例 051 银基发展（000511）60 分钟 K 线走势图谱

短线操盘策略分析：

（一）技术形态：股价连续突破 60 日均线和生命 20 线后展开反复震荡盘升。攻击 5 线和操盘 10 线系统形成典型短线上升通道。今日股价放量突破底部平台 3.8 元阻力位，股价进入加速拉升状态。

（二）最佳买点：股价早盘高开突破 3．8 元阻力位时买进。回调攻击 5 线时再加仓。

（三）止赢原则：未来 8 小时内升幅达到 5% 以上，可考虑第一阶段短线止赢。未来 15 小时内升幅达到 10% 以上，可考虑第二阶段短线止赢。

（四）风险控制：短线上升通道中加速拉升行情，最佳买点风险值控制在 5% 止损。

（五）实战训练：参见实战图谱 050 所示，短线严格按照技术要领操作。

【道破短线天机】实战图谱 052

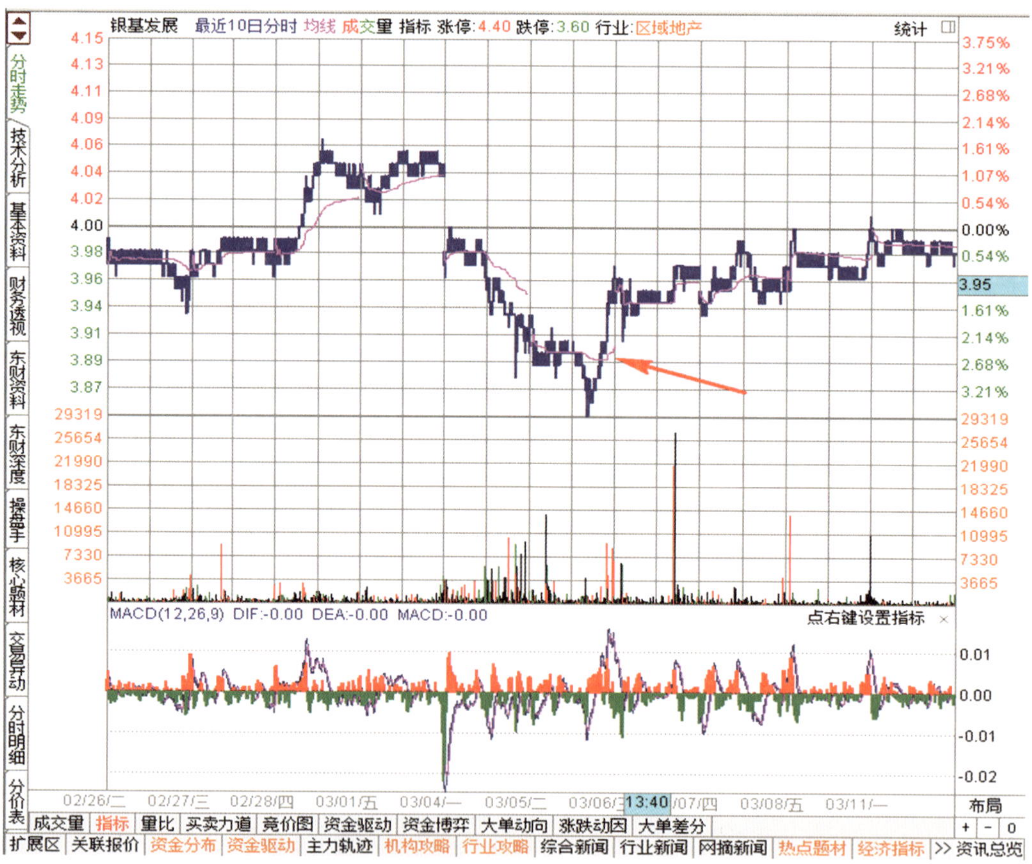

图例 052 银基发展（000511）10 日分时走势图谱

职业操盘手实训要点：

对照软件，认真观察实战图谱，把它们的走势特点写下来：

（1）空间位置：______________________________

（2）均线结构：______________________________

（3）量能结构：______________________________

（4）形态特征：______________________________

（5）操盘决策：______________________________

【道破短线天机】实战图谱 053

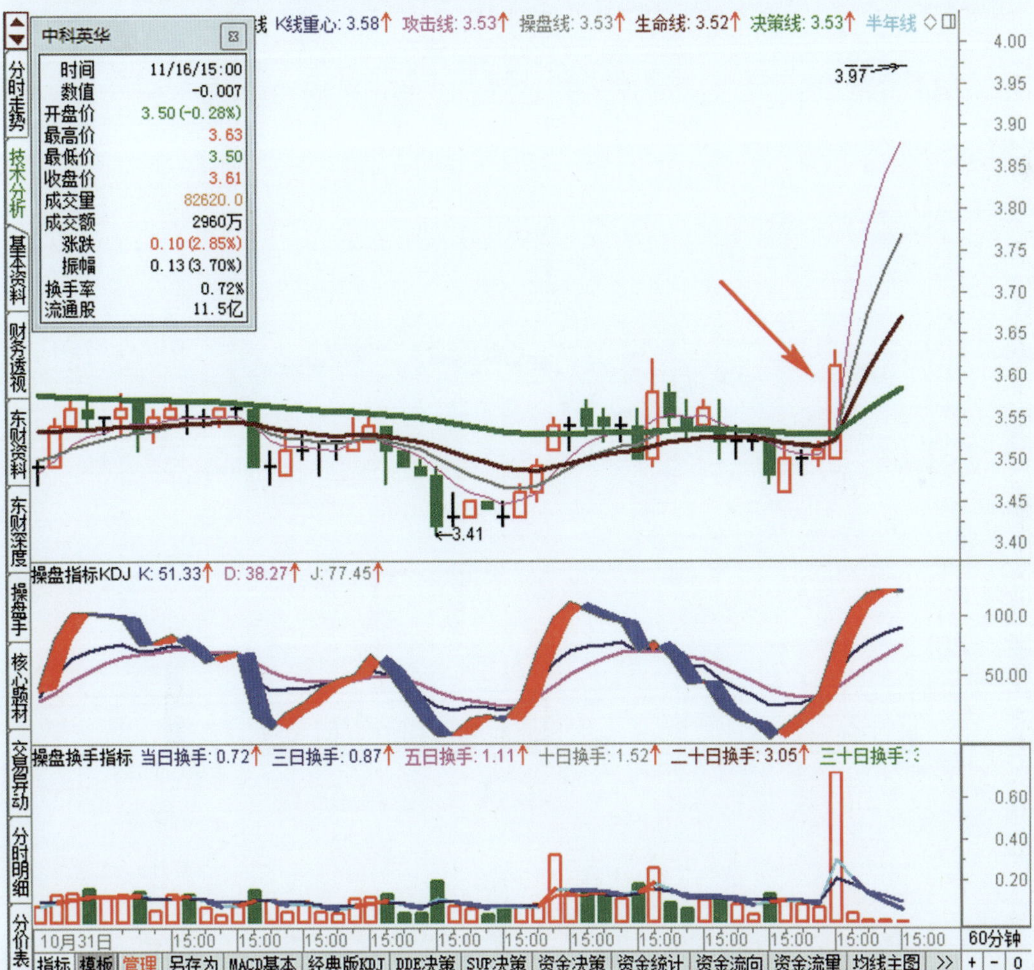

图例 053　中科英华（600110）60 分钟 K 线走势图谱

短线操盘策略分析：

（一）技术形态：攻击 5 线和操盘 10 线系统金叉向上构成短线上升通道。

（二）最佳买点：股价尾盘打压击穿操盘 10 线时买进。

（三）止赢原则：未来 8 小时内升幅达到 5% 以上，可考虑第一阶段短线止赢。未来 15 小时内升幅达到 10% 以上，可考虑第二阶段短线止赢。

（四）风险控制：短线突破趋势线后的震荡盘升行情，最佳买点风险值控制在 5% 止损。

（五）实战训练：参见实战图谱 054 所示，短线严格按照技术要领操作。

【道破短线天机】实战图谱 054

图例 054 中科英华（600110）10 日分时走势图谱

职业操盘手实训要点：

对照软件，认真观察实战图谱，把它们的走势特点写下来：

（1）空间位置：______________________________

（2）均线结构：______________________________

（3）量能结构：______________________________

（4）形态特征：______________________________

（5）操盘决策：______________________________

第二节　30 分钟超短线绝杀技

一、突破买进

（1）以通达信交易系统软件 61 龙虎综合排行榜进行监控，每 15 分钟或 30 分钟筛选一次盘面，发现涨幅榜前 30 名当时涨幅在 5% 以上、当时强度在 5 以上、换手率在 5% 以上的强势股票。30 分钟图谱上，则可见攻击 5 线和操盘 10 线上穿生命 20 线和决策 60 线，趋势 120 线继续向上运行，同时各均线系统呈多头排列。

（2）KDJ 等各指标系统全部金叉向上，均量 5 线上穿均量 60 线，柱状成交量为最近 30 个小时内最大量。

（3）30 分钟 K 线明显带巨量上涨并突破重要技术位，突破型 K 线换手率达 1% 以上。

（4）在突破重要技术位时，最好曾于前五个 K 线组合中放量蓄势为最佳。同时，反映在即时图中，当日各时间段均出现典型买进信号。

（5）操盘策略激进型：临盘在第一个 30 分钟即将成型时迅速下单，即 20 ~ 25 分钟之间买进，此时股价攻击趋势已经基本定型。如果股价涨停，则在涨停价买进。稳妥型：临盘可以待第一个 30 分钟 K 线成型，第二个 30 分钟 K 线开盘时现价下单买进。

二、回档买进

（1）以通达信交易系统软件进行 3 日和 5 日区间强弱度、换手率、涨幅排行筛选盘面，发现 3 日强度在 20 以上、5 日强度在 40 以上；3 日换手率在 35% 以上、5 日换手率在 60% 以上、3 日涨幅在 20% 以上、5 日涨幅在 40% 以上的强势股。

（2）30 分钟图谱上，则可见 20、60 和 120 均线呈多头排列，而 5、10 线则横盘或略微向下调整；K 线系统滞涨。

（3）30 分钟 KDJ 死叉向下，而 K 值、D 值和 J 值均已进入 0 以下或负值区域。

（4）量能呈现规则性萎缩，均量 5 线拐头向下，并在 60 均量线上获得支撑（前期换手率大于 50% 的品种可放宽到 5 线击穿 60 线的技术要求）。

（5）当 K 线系统缩量第一次回调至生命 30 线受到支撑时，临盘即进入回档性买进价值区域，可以即时买进。当 K 线系统缩量第二次回调至决策 60 线受到支撑时，临盘即进入回档性买进价值区域，可以即时买进。当 K 线系统缩量第三次回调至趋势 120 线受到支撑时，临盘即进入回档性买进价值区域，可以即时买进。

三、卖出策略

（1）30 分钟出现放量滞涨或价升量跌时，这是股价见顶信号。

（2）若 KDJ 指标出现高位死叉或背离现象，股价明显见顶。

（3）若 K 线系统出现带长上影线的十字墓碑或中小阴阳 K 线，说明股价已经完全见顶。

（4）若股价击穿操盘线，再次上攻时不创新高，攻击线出现向下拐头现象，说明股价见顶。若攻击线下穿操盘线，而操盘线也已经向下拐头即将击穿生命线，说明股价涨势完结。

（5）出现上述 4 大特征中的任意一项，临盘均可考虑迅速卖出。

四、临盘买进技术修正和持仓策略

（1）股价日 K 线图是否在上升初期或中期？如是，则满仓。

（2）股价日 K 线图是否在上升末期的头部整理阶段？如是，则轻仓。

（3）股价日 K 线图 KDJ 指标是否在低位开始金叉？如是，则重仓。

（4）股价周 K 线图 KDJ 指标是否在低位开始金叉？如是，则满仓。

（5）股价月 K 线图 KDJ 指标是否在低位开始金叉？如是，则满仓。

（6）股价日 K 线图是否于昨日放量收阳？如是，则中仓或满仓。

（7）股价日 K 线图是否于昨日第一次放量涨停？如是，则满仓。

（8）股价日 K 线图是否在下跌初期？如是，则轻仓。

（9）股价日 K 线图是否在下跌中期？如是，则观望。

（10）股价日 K 线图是否在下跌末期的底部整理阶段？如是，则轻仓或中仓。

五、操盘技术注释

（1）在股价上升阶段中期、下跌末期和长期横盘末期，敢于突然大幅拉升的股票，如果昨日也放量收阳K线，则说明主力已经在昨日就开始行动，今天的上涨是有计划性的操盘行为。

（2）在股价上升阶段中期、下跌末期和长期横盘末期，如果昨日缩量收阴K线，则说明股价下跌动能衰竭，今天的上涨是主力主动出击的操盘行为。

（3）在股价上升阶段中期、下跌末期和长期横盘末期，如果昨日放量收阴K线，则说明昨日的下跌是典型的诱空动作，今天的上涨（尤其是涨停）是主力有计划性的操盘行为。

（4）临盘讲究买进的时机、点位、技术形态和速度，严格利用30分钟操盘技术系统锁定短线黑马。

【道破短线天机】实战图谱055

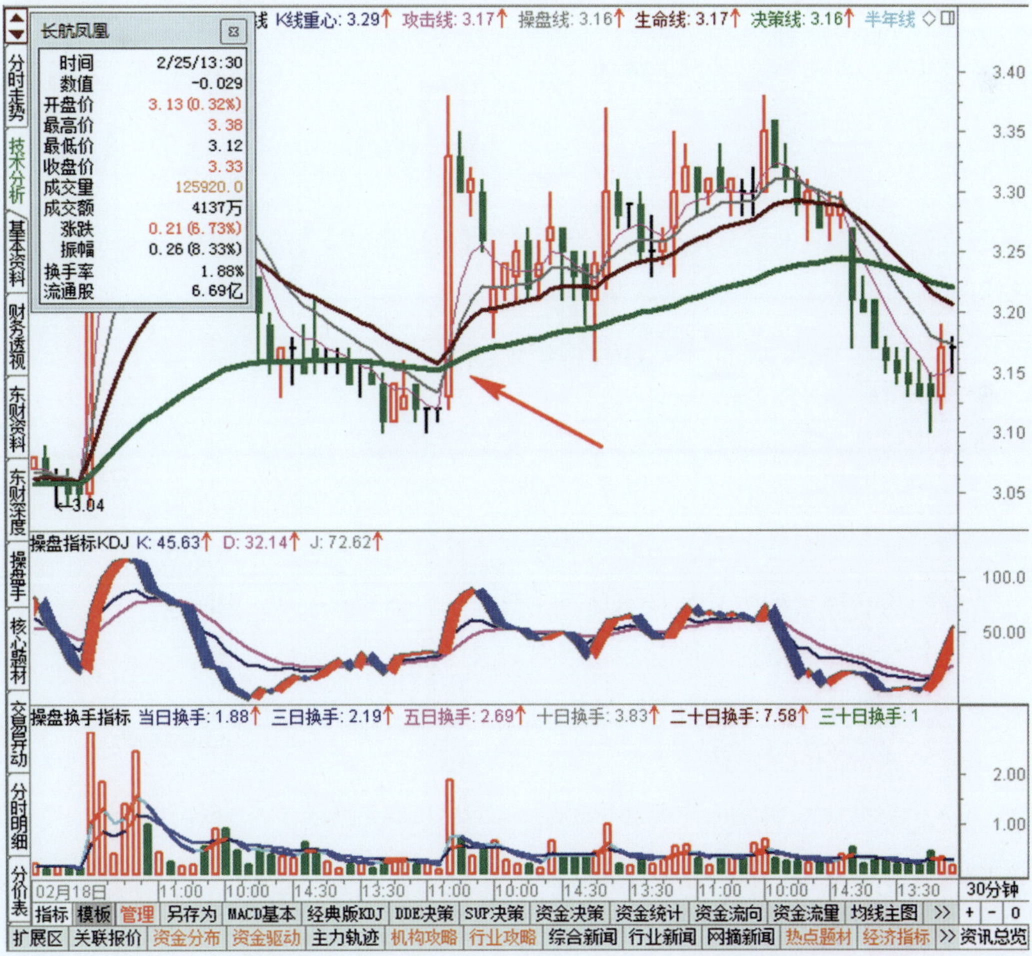

图例055　长航凤凰（000520）30分钟K线走势图谱

短线操盘策略分析：

（一）技术形态：30分钟的均线系统呈现为多头排列，趋势向上特征明显。

（二）最佳买点：股价早盘放量攻击突破平台上轨时买进。股价早盘第二个30分钟K线开盘时买进。

（三）止赢原则：未来8小时内升幅达到5%以上，可考虑第一阶段短线止赢。未来15小时内升幅达到10%以上，可考虑第二阶段短线止赢。

（四）风险控制：短线上升平台突破拉升行情，最佳买点风险值控制在5%止损。如果未来8小时内股价放量滞涨，临盘亦要坚决出局，绝不参与股价不确定性的调整。

（五）实战训练：参见实战图谱056所示，短线严格按照技术要领操作。

【道破短线天机】实战图谱056

图例056 长航凤凰（000520）10日分时走势图谱

职业操盘手实训要点：

对照软件，认真观察实战图谱，把它们的走势特点写下来：

（1）空间位置：____________________

（2）均线结构：____________________

（3）量能结构：____________________

（4）形态特征：____________________

（5）操盘决策：____________________

【道破短线天机】实战图谱 057

图例 057　精诚铜业（002171）30 分钟 K 线走势图谱

短线操盘策略分析：

（一）技术形态：日线周期的均线系统已经走平，金叉向上，呈现为多头趋势。

（二）最佳买点：股价早盘放量攻击突破平台上轨时买进。股价早盘第一个30分钟K线形成时买进。注意不要追高买入。

（三）止赢原则：未来8小时内升幅达到5%以上，可考虑第一阶段短线止赢。未来15小时内升幅达到10%以上，可考虑第二阶段短线止赢。

（四）风险控制：短线上升平台突破拉升行情，最佳买点风险值控制在5%止损。如果未来8小时内股价放量滞涨，临盘亦要坚决出局，绝不参与股价不确定性的调整。

（五）实战训练：参见实战图谱058所示，短线严格按照技术要领操作。

【道破短线天机】实战图谱058

图例058 精诚铜业（002171）10日分时走势图谱

职业操盘手实训要点：

对照软件，认真观察实战图谱，把它们的走势特点写下来：

（1）空间位置：________________

（2）均线结构：________________

（3）量能结构：________________

（4）形态特征：________________

（5）操盘决策：________________

【道破短线天机】实战图谱 059

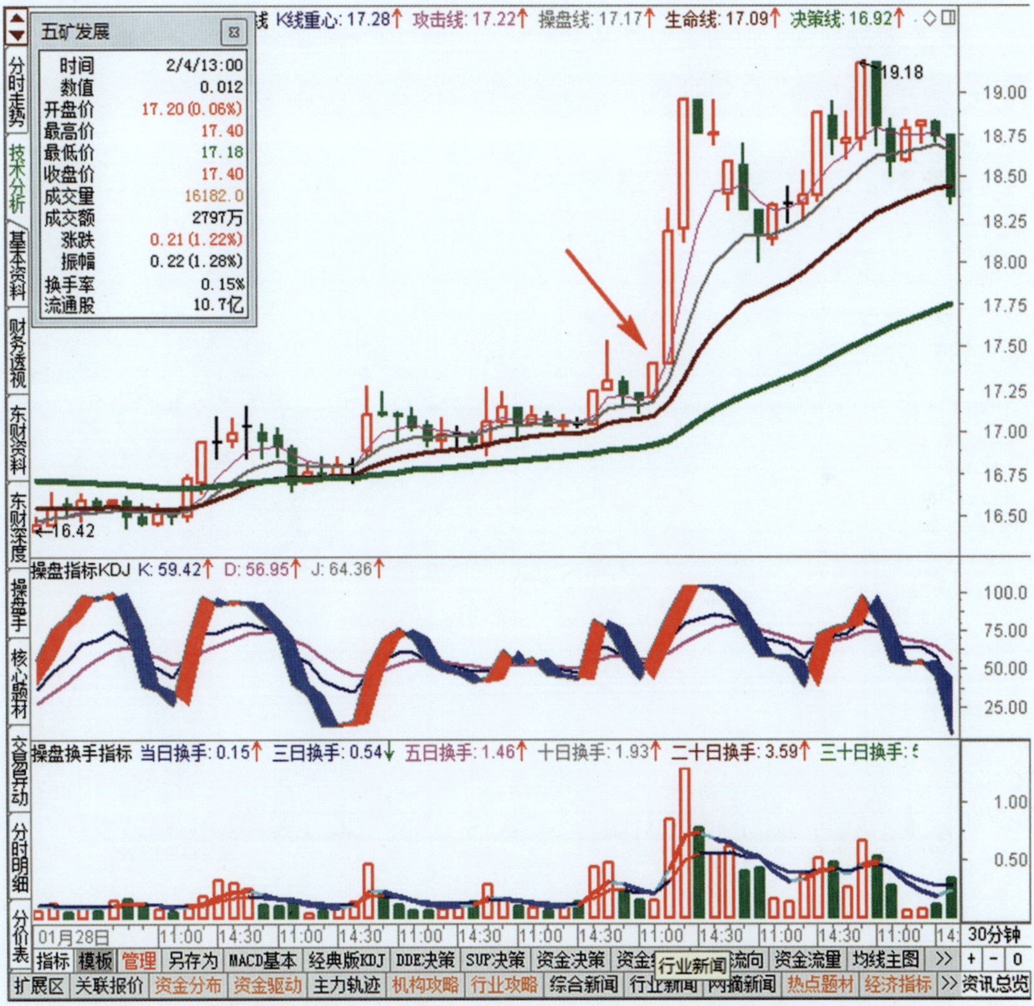

图例 059 五矿发展（600058）30 分钟 K 线走势图谱

短线操盘策略分析：

（一）技术形态：短期均线系统已经金叉向上，股价运行于60日均线上方。

（二）最佳买点：股价早盘巨量高开攻击突破平台上轨时买进。股价早盘第二个30分钟K线开盘时买进。临盘操作时以低吸为主，不要追价买入。

（三）止赢原则：未来8小时内升幅达到5%以上，可考虑第一阶段短线止赢。未来15小时内升幅达到10%以上，可考虑第二阶段短线止赢。

（四）风险控制：短线底部平台突破拉升行情，最佳买点风险值控制在5%止损。如果未来8小时内股价放量滞涨，临盘亦要坚决出局，绝不参与股价不确定性的调整。

（五）实战训练：参见实战图谱060所示，短线严格按照技术要领操作。

【道破短线天机】实战图谱060

图例060 五矿发展（600058）10日分时走势图谱

职业操盘手实训要点：

对照软件，认真观察实战图谱，把它们的走势特点写下来：

（1）空间位置：____

（2）均线结构：____

（3）量能结构：____

（4）形态特征：____

（5）操盘决策：____

【道破短线天机】实战图谱 061

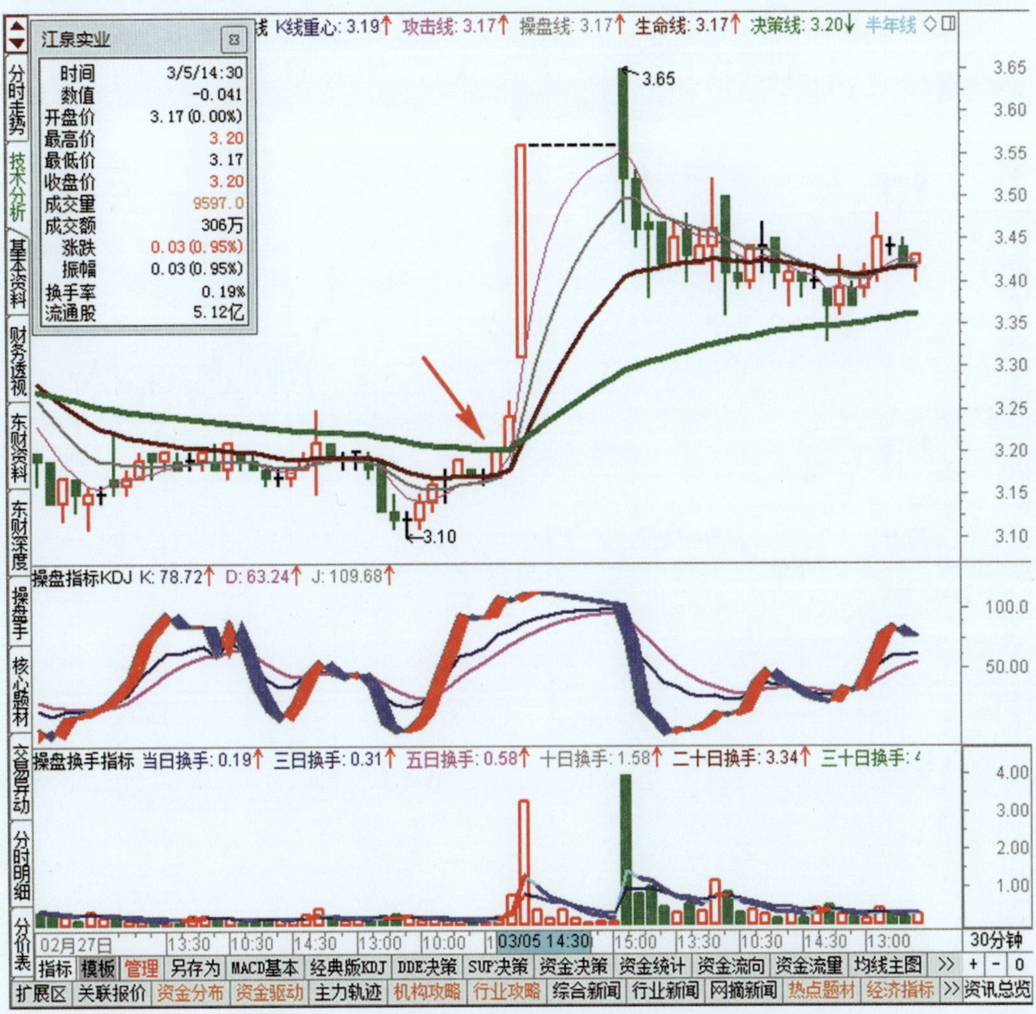

图例 061 江泉实业（600212）30 分钟 K 线走势图谱

短线操盘策略分析：

（一）技术形态：股价回调到 60 日均线附近获得支撑。

（二）最佳买点：股价早盘巨量高开攻击突破平台上轨时买进。股价早盘第二个 30 分钟 K 线开盘时买进。记住不要追价买入。

（三）止赢原则：未来 8 小时内升幅达到 5% 以上，可考虑第一阶段短线止赢。未来 15 小时内升幅达到 10% 以上，可考虑第二阶段短线止赢。

（四）风险控制：短线底部平台突破反弹行情，最佳买点风险值控制在 5% 止损。如果未来 8 小时内股价放量滞涨，临盘亦要坚决出局，绝不参与股价不确定性的调整。

（五）实战训练：参见实战图谱 062 所示，短线严格按照技术要领操作。

【道破短线天机】实战图谱 062

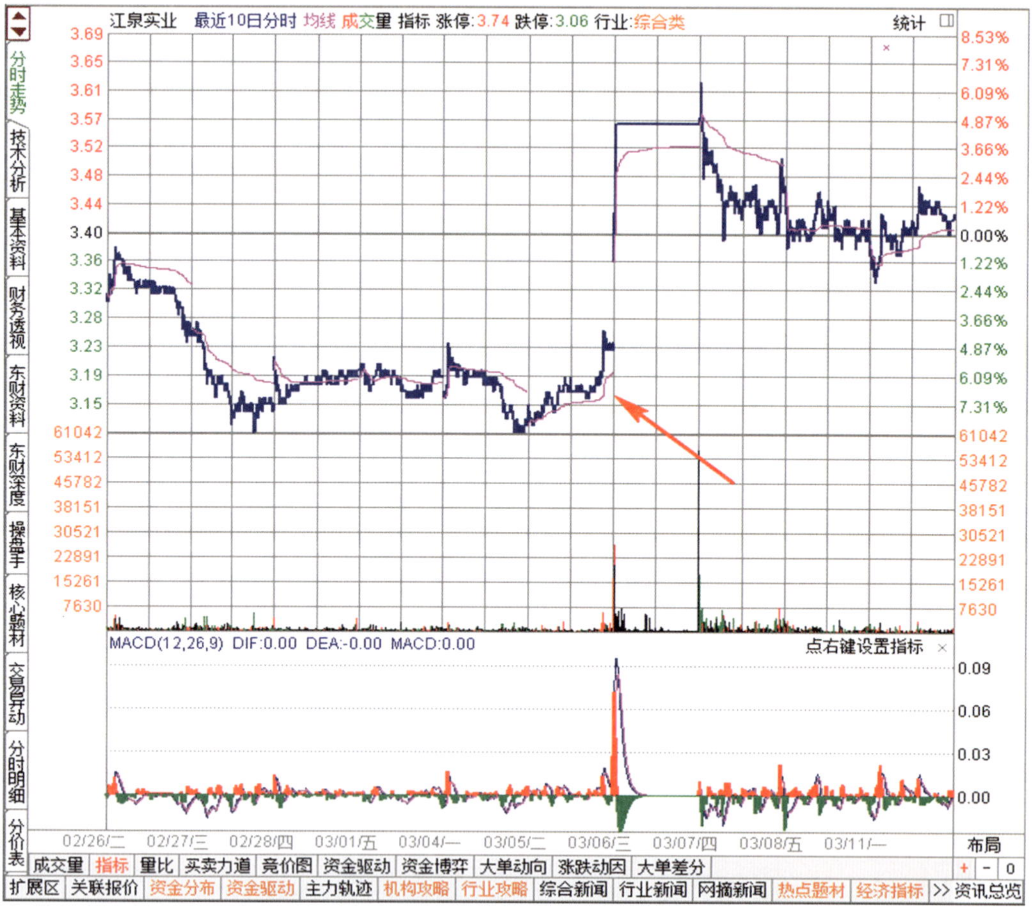

图例 062 江泉实业（600212）10 分时走势图谱

职业操盘手实训要点：

对照软件，认真观察实战图谱，把它们的走势特点写下来：

（1）空间位置：______

（2）均线结构：______

（3）量能结构：______

（4）形态特征：______

（5）操盘决策：______

【道破短线天机】实战图谱 063

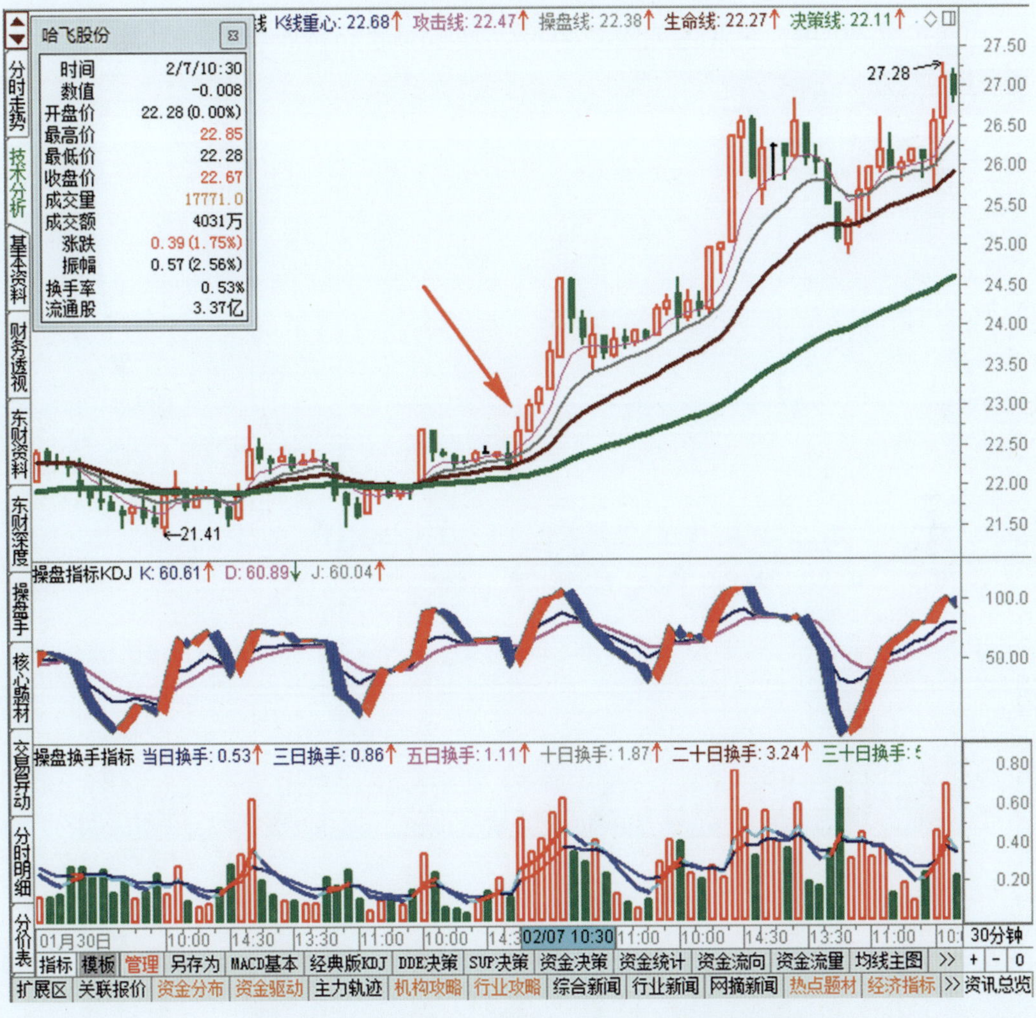

图例 063　哈飞股份（600038）30 分钟 K 线走势图谱

短线操盘策略分析：

（一）技术形态：均线系统形成多头排列，5 日均线金叉 10 均线，向上运行。

（二）最佳买点：股价早盘巨量高开攻击突破 25 元时买进。股价早盘第一个 30 分钟 K 线涨停时买进。记住不要追价买入。

（三）止赢原则：未来 8 小时内升幅达到 5% 以上，可考虑第一阶段短线止赢。未来 15 小时内升幅达到 10% 以上，可考虑第二阶段短线止赢。

（四）风险控制：短线底部突破反弹拉升行情，最佳买点风险值控制在 5% 止损。如果未来 8 小时内股价放量滞涨，临盘亦要坚决出局，绝不参与股价不确定性的调整。

（五）实战训练：参见实战图谱 064 所示，短线严格按照技术要领操作。

【道破短线天机】实战图谱 064

图例 064　哈飞股份（600038）10 日分时走势图谱

职业操盘手实训要点：

对照软件，认真观察实战图谱，把它们的走势特点写下来：

（1）空间位置：________________

（2）均线结构：________________

（3）量能结构：________________

（4）形态特征：________________

（5）操盘决策：________________

【道破短线天机】实战图谱 065

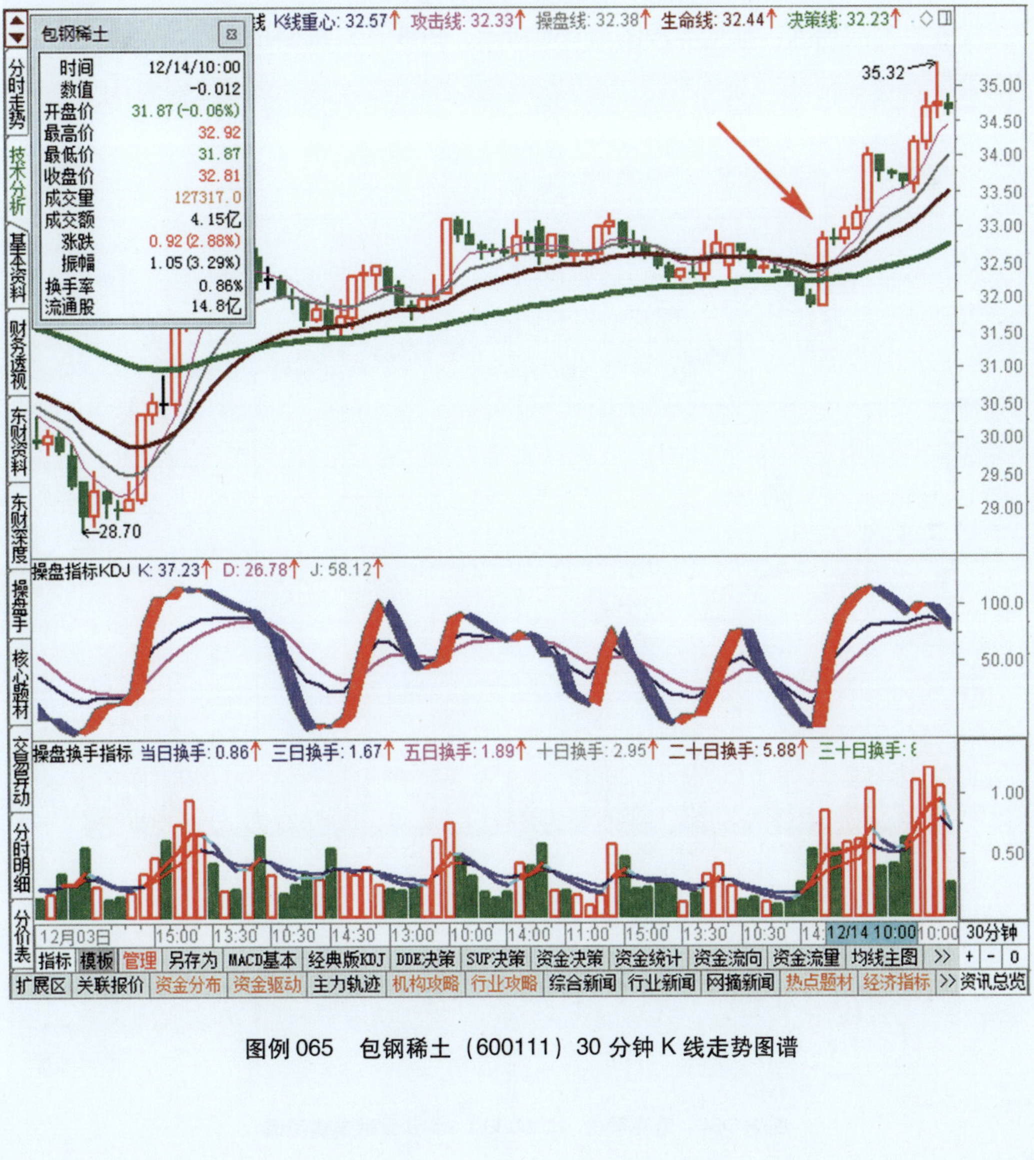

图例 065　包钢稀土（600111）30 分钟 K 线走势图谱

短线操盘策略分析：

（一）技术形态：股价挖坑之后出现短线占稳迹象，再次发动行情。

（二）最佳买点：股价早盘第一个 30 分钟 K 线攻击放量时买进。股价早盘第二个 30 分钟 K 线开盘时买进。记住不要追价买进。

（三）止赢原则：未来 8 小时内升幅达到 5% 以上，可考虑第一阶段短线止赢。未来 15 小时内升幅达到 10% 以上，可考虑第二阶段短线止赢。

（四）风险控制：短线上升平台突破拉升行情，最佳买点风险值控制在 5% 止损。如果未来 8 小时内股价放量滞涨，临盘亦要坚决出局，绝不参与股价不确定性的调整。

（五）实战训练：参见实战图谱 066 所示，短线严格按照技术要领操作。

【道破短线天机】实战图谱 066

图例 066 包钢稀土（600111）10 日分时走势图谱

职业操盘手实训要点：

对照软件，认真观察实战图谱，把它们的走势特点写下来：

（1）空间位置：________________________________

（2）均线结构：________________________________

（3）量能结构：________________________________

（4）形态特征：________________________________

（5）操盘决策：________________________________

【道破短线天机】实战图谱 067

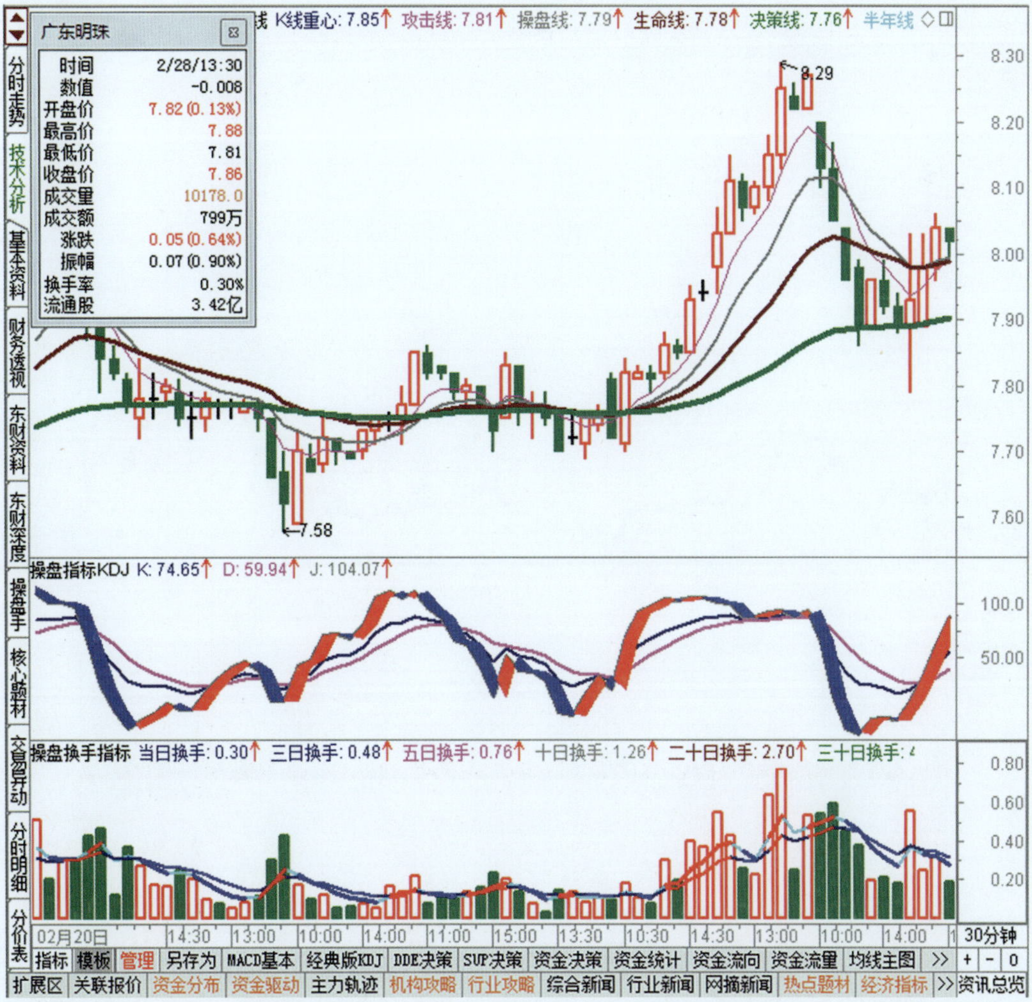

图例 067　广东明珠（600382）30 分钟 K 线走势图谱

短线操盘策略分析：

（一）技术形态：均线系统已经形成了明显的多头趋势，短期内可以积极操作。

（二）最佳买点：股价早盘巨量回调震仓第二个30分钟K线形成时买进。股价盘中再次回调时买进。记住不要追价买进。

（三）止赢原则：未来8小时内升幅达到5%以上，可考虑第一阶段短线止赢。未来15小时内升幅达到10%以上，可考虑第二阶段短线止赢。

（四）风险控制：短线加速拉升行情，最佳买点风险值控制在5%止损。如果未来8小时内股价放量滞涨，临盘亦要坚决出局，绝不参与股价不确定性的调整。

（五）实战训练：参见实战图谱068所示，短线严格按照技术要领操作。

【道破短线天机】实战图谱068

图例068　广东明珠（600382）10日分时走势图谱

职业操盘手实训要点：

对照软件，认真观察实战图谱，把它们的走势特点写下来：

（1）空间位置：________________

（2）均线结构：________________

（3）量能结构：________________

（4）形态特征：________________

（5）操盘决策：________________

【道破短线天机】实战图谱 069

图例 069 鄂尔多斯（600295）30 分钟 K 线走势图谱

短线操盘策略分析：

（一）技术形态：股价在决策 60 线之上反复震荡盘升构成短期上升中继平台。今日股价放量拉升突破平台上轨。攻击 5 线、操盘 10 线和生命 20 线金叉攻击，形成短期上升通道。

（二）最佳买点：早盘站稳在均价线时分批买进，不追高买入。

（三）止赢原则：未来 8 小时内升幅达到 5% 以上，可考虑第一阶段短线止赢。未来 15 小时内升幅达到 10% 以上，可考虑第二阶段短线止赢。

（四）风险控制：短线上升平台突破拉升行情，最佳买点风险值控制在 5% 止损。如果未来 8 小时内股价放量滞涨，临盘亦要坚决出局，绝不参与股价不确定性的调整。

（五）实战训练：参见实战图谱 070 所示，短线严格按照技术要领操作。

【道破短线天机】实战图谱 070

图例 069 鄂尔多斯（600295）10 日分时走势图谱

职业操盘手实训要点：

对照软件，认真观察实战图谱，把它们的走势特点写下来：

（1）空间位置：________________

（2）均线结构：________________

（3）量能结构：________________

（4）形态特征：________________

（5）操盘决策：________________

【道破短线天机】实战图谱 071

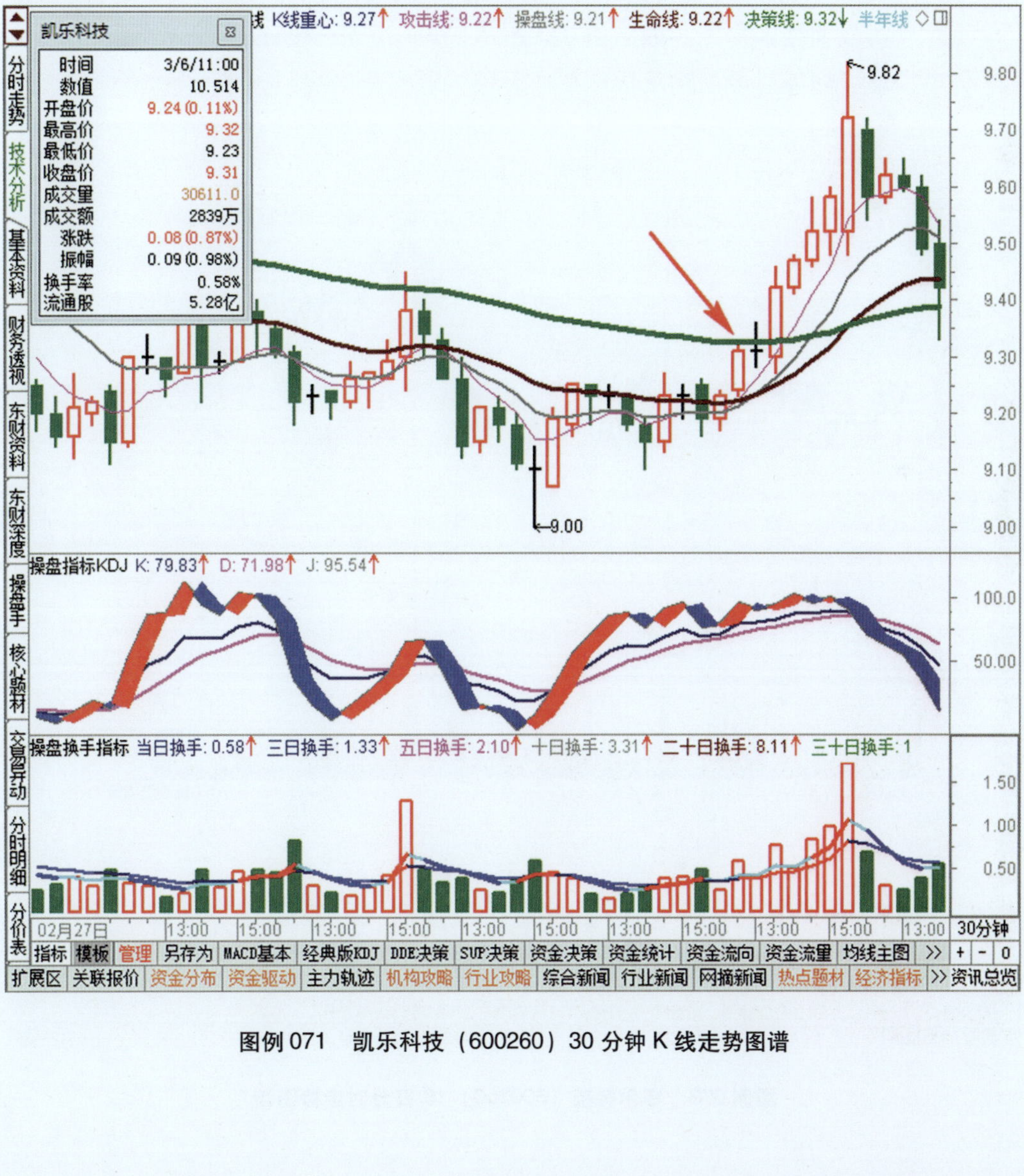

图例 071　凯乐科技（600260）30 分钟 K 线走势图谱

短线操盘策略分析：

（一）技术形态：短期均线系统在低位粘合，构筑阶段性底部。

（二）最佳买点：股价早盘回调操盘 10 线时买进。股价早盘第二个 30 分钟 K 线开盘时买进。记住不要追价买进。

（三）止赢原则：未来 8 小时内升幅达到 5% 以上，可考虑第一阶段短线止赢。未来 15 小时内升幅达到 10% 以上，可考虑第二阶段短线止赢。

（四）风险控制：短线上升平台突破拉升行情，最佳买点风险值控制在 5% 止损。如果未来 8 小时内股价放量滞涨，临盘亦要坚决出局，绝不参与股价不确定性的调整。

（五）实战训练：参见实战图谱 072 所示，短线严格按照技术要领操作。

【道破短线天机】实战图谱 072

图例 072 凯乐科技（600260）10 日分时走势图谱

职业操盘手实训要点：

对照软件，认真观察实战图谱，把它们的走势特点写下来：

（1）空间位置：________________

（2）均线结构：________________

（3）量能结构：________________

（4）形态特征：________________

（5）操盘决策：________________

【道破短线天机】实战图谱 073

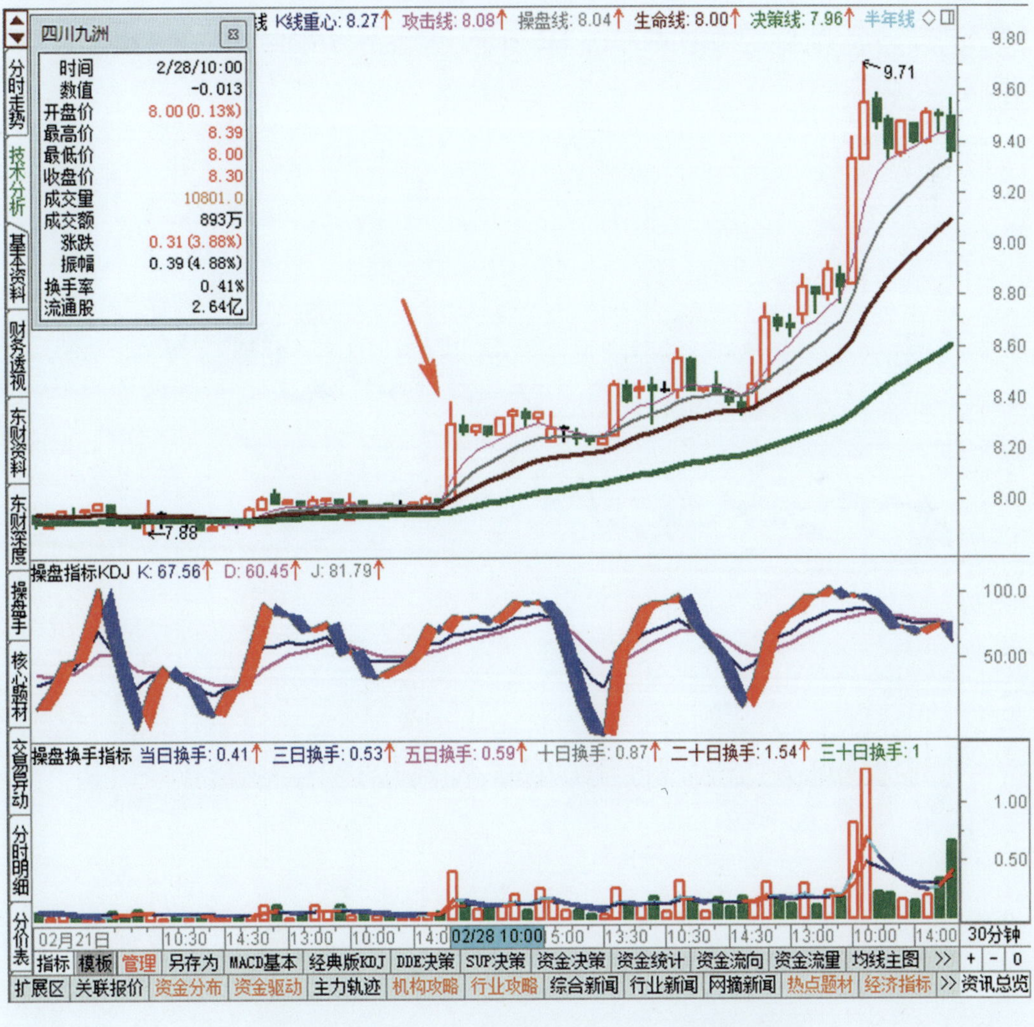

图例 073 四川九洲（000801）30 分钟 K 线走势图谱

短线操盘策略分析：

（一）技术形态：均线系统就建成完美的多头排列，升势可期。

（二）最佳买点：股价早盘巨量高开攻击突破昨日最高价回调时买进。股价早盘第二个 30 分钟 K 线开盘时买进。记住不要追价买入。

（三）止赢原则：未来 8 小时内升幅达到 5% 以上，可考虑第一阶段短线止赢。未来 15 小时内升幅达到 10% 以上，可考虑第二阶段短线止赢。

（四）风险控制：短线加速拉升行情，最佳买点风险值控制在 5% 止损。如果未来 8 小时内股价放量滞涨，临盘亦要坚决出局，绝不参与股价不确定性的调整。

（五）实战训练：参见实战图谱 074 所示，短线严格按照技术要领操作。

【道破短线天机】实战图谱 074

图例 074　四川九洲（000801）10 日分时走势图谱

职业操盘手实训要点：

对照软件，认真观察实战图谱，把它们的走势特点写下来：

（1）空间位置：________________

（2）均线结构：________________

（3）量能结构：________________

（4）形态特征：________________

（5）操盘决策：________________

【道破短线天机】实战图谱 075

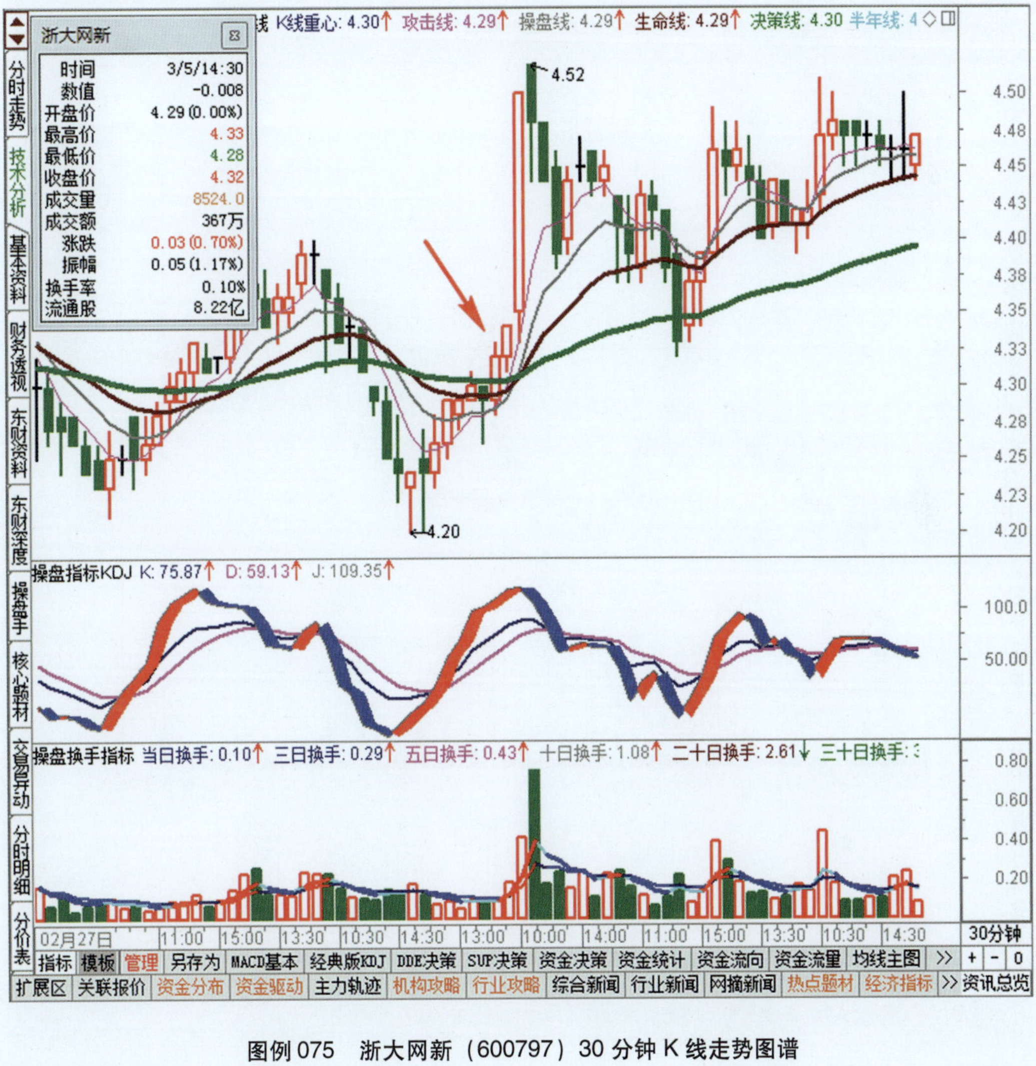

图例 075　浙大网新（600797）30 分钟 K 线走势图谱

短线操盘策略分析：

（一）技术形态：均线系统已经形成多头排列，股价处于相对低位。

（二）最佳买点：股价早盘巨量高开攻击突破昨日最高价回调时买进。股价早盘第二个 30 分钟 K 线开盘时买进。记住不要追价买进。

（三）止赢原则：未来 8 小时内升幅达到 5% 以上，可考虑第一阶段短线止赢。未来 15 小时内升幅达到 10% 以上，可考虑第二阶段短线止赢。

（四）风险控制：短线加速拉升行情，最佳买点风险值控制在 5% 止损。如果未来 8 小时内股价放量滞涨，临盘亦要坚决出局，绝不参与股价不确定性的调整。

（五）实战训练：参见实战图谱 076 所示，短线严格按照技术要领操作。

【道破短线天机】实战图谱 076

图例 076 浙大网新（600797）10 日分时走势图谱

职业操盘手实训要点：

对照软件，认真观察实战图谱，把它们的走势特点写下来：

（1）空间位置：______________________________

（2）均线结构：______________________________

（3）量能结构：______________________________

（4）形态特征：______________________________

（5）操盘决策：______________________________

【道破短线天机】实战图谱 077

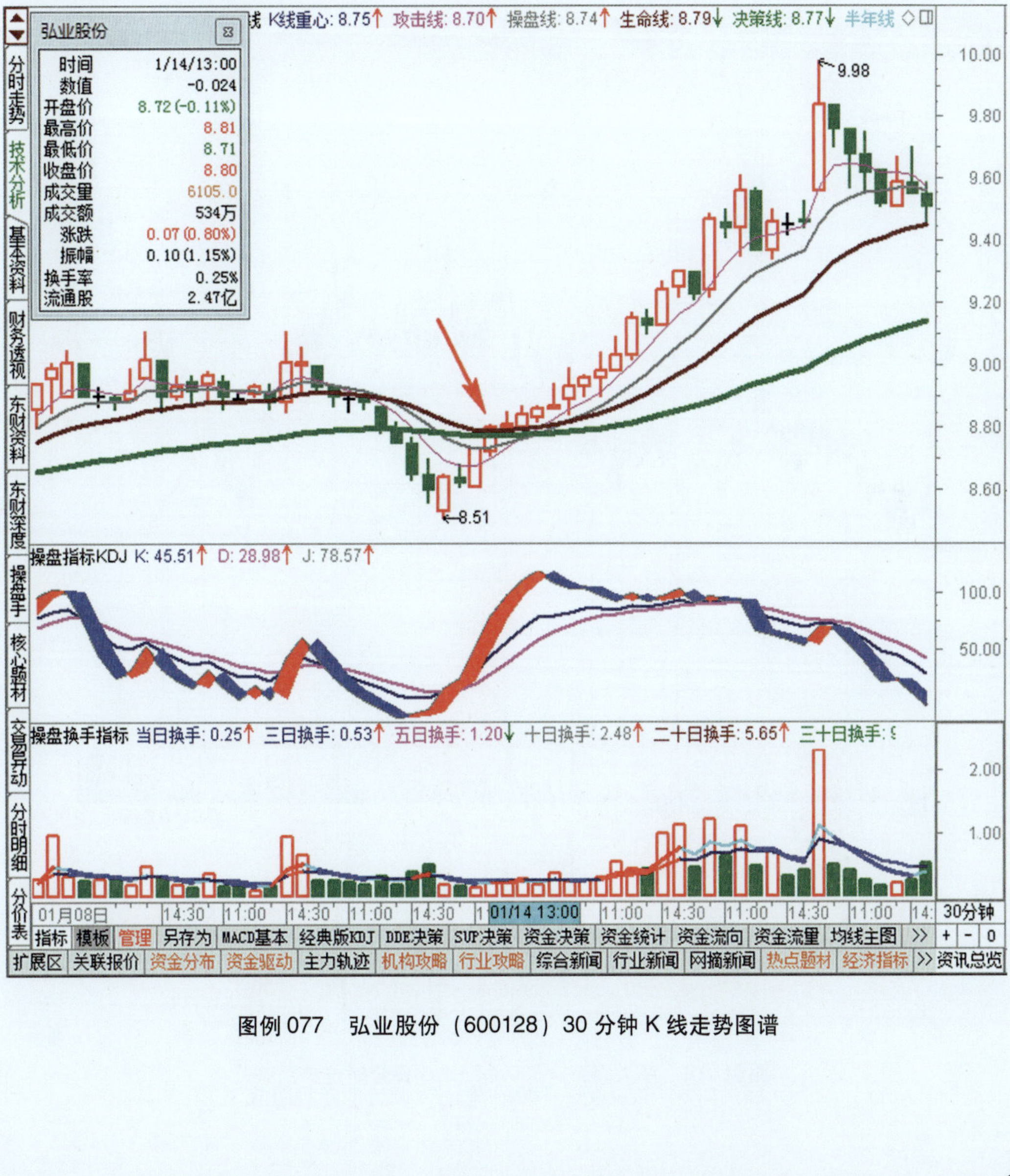

图例 077　弘业股份（600128）30 分钟 K 线走势图谱

短线操盘策略分析：

（一）技术形态：均线系统已经形成明显多头排列，向上发散。

（二）最佳买点：股价早盘巨量高开攻击突破平台上轨时买进。股价早盘第二个 30 分钟 K 线开盘时买进。记住不要追价买进。

（三）止赢原则：未来 8 小时内升幅达到 5% 以上，可考虑第一阶段短线止赢。未来 15 小时内升幅达到 10% 以上，可考虑第二阶段短线止赢。

（四）风险控制：短线加速拉升行情，最佳买点风险值控制在 5% 止损。如果未来 8 小时内股价放量滞涨，临盘亦要坚决出局，绝不参与股价不确定性的调整。

（五）实战训练：参见实战图谱 078 所示，短线严格按照技术要领操作。

【道破短线天机】实战图谱 078

图例 078 弘业股份（600128）10 日分时走势图谱

职业操盘手实训要点：

对照软件，认真观察实战图谱，把它们的走势特点写下来：

（1）空间位置：________________

（2）均线结构：________________

（3）量能结构：________________

（4）形态特征：________________

（5）操盘决策：________________

【道破短线天机】实战图谱 079

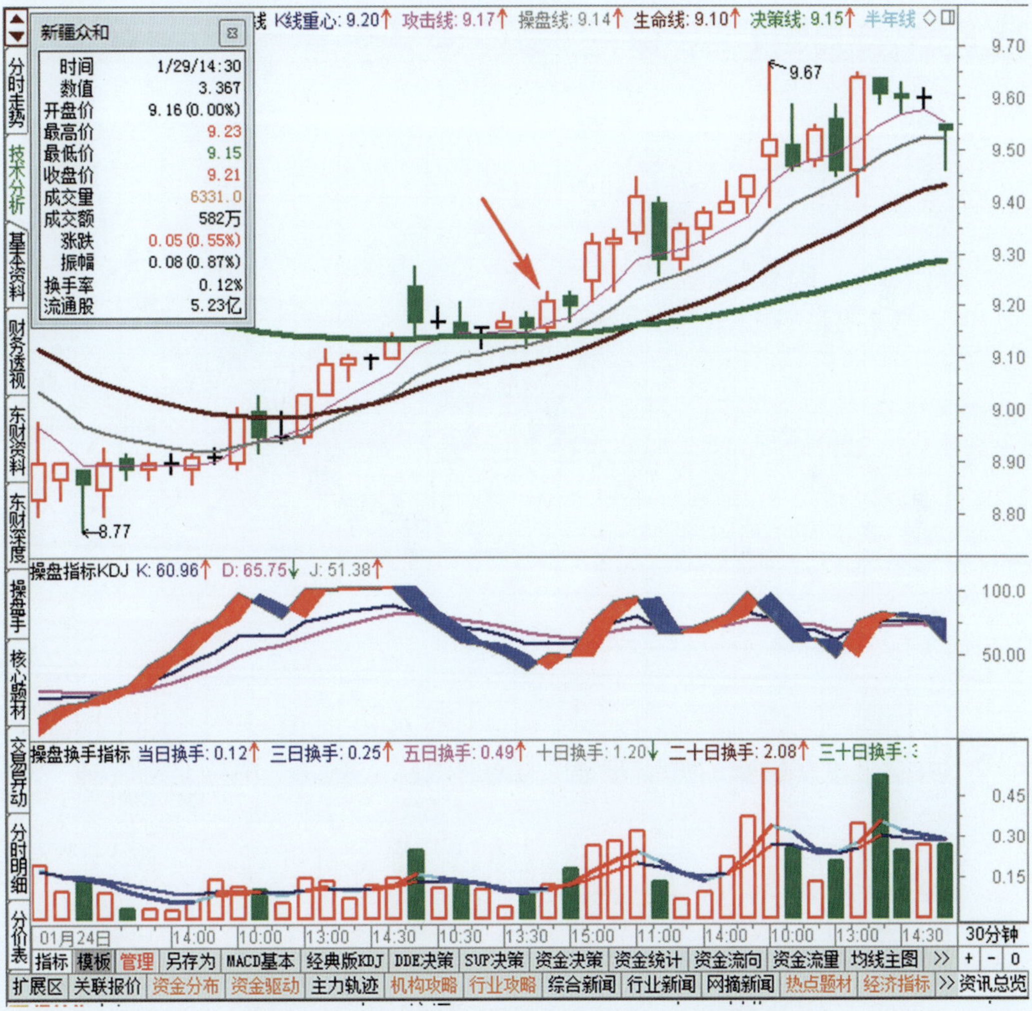

图例 079　新疆众和（600888）30 分钟 K 线走势图谱

短线操盘策略分析：

（一）技术形态：短期调整到位，60 日均线附近止跌。

（二）最佳买点：股价早盘巨量高开攻击突破昨日最高价时买进。股价早盘第二个 30 分钟 K 线开盘时买进。记住不要追价买进。

（三）止赢原则：未来 8 小时内升幅达到 5% 以上，可考虑第一阶段短线止赢。未来 15 小时内升幅达到 10% 以上，可考虑第二阶段短线止赢。

（四）风险控制：短线加速拉升行情，最佳买点风险值控制在 5% 止损。如果未来 8 小时内股价放量滞涨，临盘亦要坚决出局，绝不参与股价不确定性的调整。

（五）实战训练：参见实战图谱 080 所示，短线严格按照技术要领操作。

【道破短线天机】实战图谱 080

图例 080 新疆众和（600888）10 日分时走势图谱

职业操盘手实训要点：

对照软件，认真观察实战图谱，把它们的走势特点写下来：

（1）空间位置：______________________________

（2）均线结构：______________________________

（3）量能结构：______________________________

（4）形态特征：______________________________

（5）操盘决策：______________________________

【道破短线天机】实战图谱 081

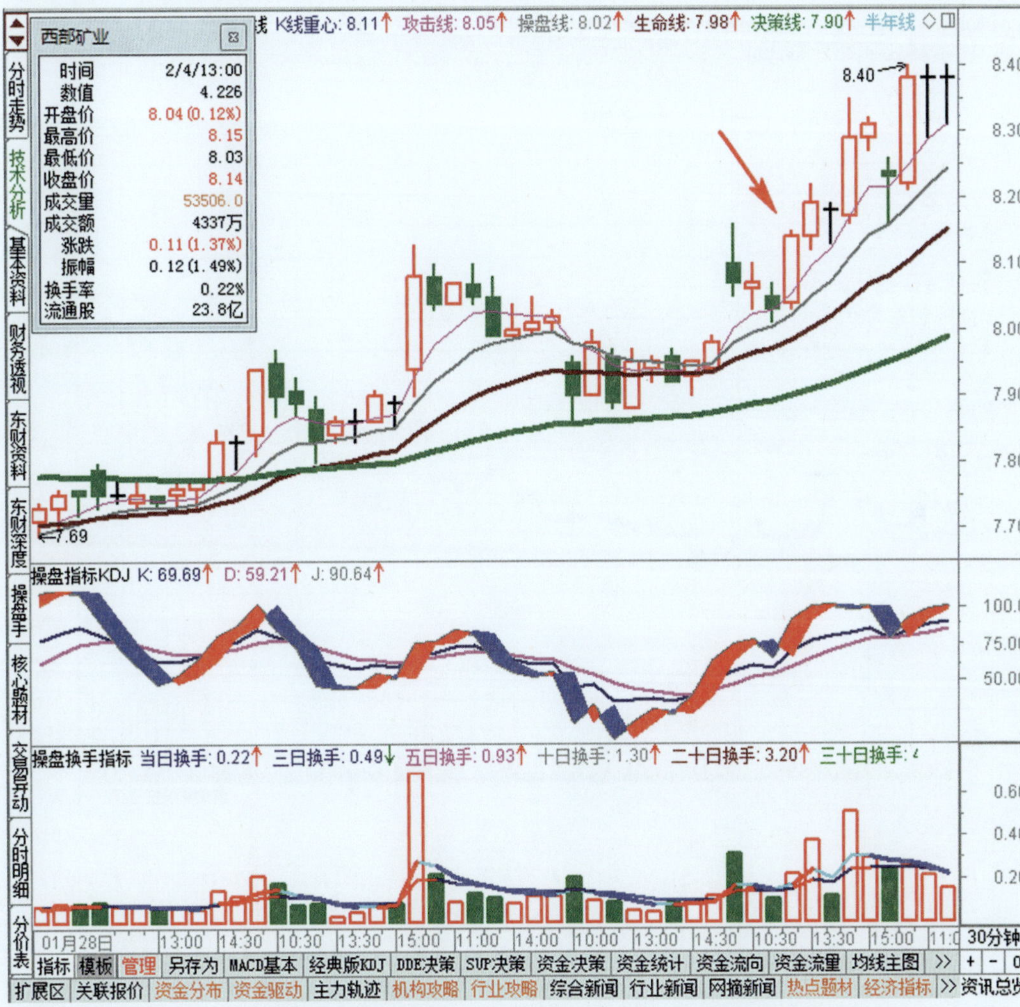

图例 081　西部矿业（601168）30 分钟 K 线走势图谱

短线操盘策略分析：

（一）技术形态：均线系统短期内形成多头排列，阶段性底部初步成立。

（二）最佳买点：股价早盘巨量高开攻击突破平台上轨时买进。股价早盘第二个 30 分钟 K 线开盘时买进。记住不要追价买入。

（三）止赢原则：未来 8 小时内升幅达到 5% 以上，可考虑第一阶段短线止赢。未来 15 小时内升幅达到 10% 以上，可考虑第二阶段短线止赢。

（四）风险控制：短线加速拉升行情，最佳买点风险值控制在 5% 止损。如果未来 8 小时内股价放量滞涨，临盘亦要坚决出局，绝不参与股价不确定性的调整。

（五）实战训练：参见实战图谱 082 所示，短线严格按照技术要领操作。

【道破短线天机】实战图谱 082

图例 082　西部矿业（601168）10 日分时走势图谱

职业操盘手实训要点：

对照软件，认真观察实战图谱，把它们的走势特点写下来：

（1）空间位置：________________

（2）均线结构：________________

（3）量能结构：________________

（4）形态特征：________________

（5）操盘决策：________________

第三节 15分钟超短线绝杀技

一、买进策略

（1）以通达信交易系统软件81龙虎综合排行榜进行实时监控，发现5分钟涨速前3名，当时涨幅在3%以上、当时强度在3以上、换手率在1%以上的强势股票。

（2）15分钟图谱上，则可见攻击5线和操盘10线上穿生命20线和决策60线，趋势120线继续向上运行，同时各均线系统呈多头排列。

（3）KDJ等各指标系统全部金叉向上，均量5线上穿均量60线，柱状成交量为最近60个小时内最大量。

（4）15分钟K线明显带巨量上涨并突破重要技术位，突破型K线换手率达0.5%以上。同时，反映在即时图中，当日各时间段均出现典型买进信号。

（5）操盘策略激进型：临盘在第一个15分钟即将成型时迅速下单，即10～13分钟之间买进，此时股价攻击趋势已经基本定型。如果股价涨停，则在涨停价买进。稳妥型：临盘可以待第一个15分钟K线成型，第二个15分钟K线开盘时现价下单买进。

二、卖出策略

（1）15分钟出现放量滞涨或价升量跌时，这是股价见顶信号。

（2）若KDJ指标出现高位死叉或背离现象，股价明显见顶。

（3）若K线系统出现带长上影线的十字墓碑或中小阴阳K线，说明股价已经完全见顶。

（4）若股价击穿操盘线，再次上攻时不创新高，攻击线出现向下拐头现象，说明股价见顶。若攻击线下穿操盘线，而操盘线也已经向下拐头即将击穿生命线，说明股价涨势完结。

（5）出现上述 4 大特征中的任意一项，临盘均可考虑迅速卖出。

三、操盘技术临盘修正

（1）是否具备同类板块热点？如果有，则要果断出击领头的龙头品种。

（2）是否具备炒作题材？如果有，则要果断出击放量上涨的最佳买点。

（3）是否处在大盘平稳或没有暴跌市场环境中？如是则要果断出击盘中最佳的买点。

（4）目标品种是否处于日 K 线的阶段性低们？如果，则要果断狙击。

（5）临盘讲究买进的时机、点位、技术形态和速度，严格利用 15 分钟操盘技术系统锁定短线黑马。

四、特别说明

由于 15 分钟技术系统信号灵敏度极高，因而也极易受主力骗线和操纵，因此，临盘缺乏较高操盘水平者请勿轻易运用本技术系统作出买卖决策！特此提示！

【道破短线天机】实战图谱 083

图例 083　吉电股份（000875）15 分钟 K 线走势图谱

短线操盘策略分析：

（一）技术形态：股价运行在 60 均线之上，均线系统呈现为多头排列状态。

（二）最佳买点：股价放量突破平台上轨时买进。股价早盘高开回调第二个 15 分钟放量阳 K 线形成时买进。

（三）止赢原则：未来 8 小时内升幅达到 5% 以上，可考虑第一阶段短线止赢。未来 15 小时内升幅达到 10% 以上，可考虑第二阶段短线止赢。

（四）风险控制：短线底部突破拉升行情，最佳买点风险值控制在 5% 止损。如果未来 8 小时内股价放量滞涨，临盘亦要坚决出局，绝不参与股价不确定性的调整。

（五）实战训练：参见实战图谱 084 所示，短线严格按照技术要领操作。

【道破短线天机】实战图谱 084

图例 084 吉电股份（000875）5 日分时走势图谱

第三章 分钟图短线技术

职业操盘手实训要点：

对照软件，认真观察实战图谱，把它们的走势特点写下来：

（1）空间位置：________________

（2）均线结构：________________

（3）量能结构：________________

（4）形态特征：________________

（5）操盘决策：________________

【道破短线天机】实战图谱 085

图例 085 龙头股份（600630）15 分钟 K 线走势图谱

短线操盘策略分析：

（一）技术形态：均线系统呈现为典型的多头趋势，可以积极操作。

（二）最佳买点：股价缩量击穿生命 30 线时买进。股价早盘低开回调第二个 15 分钟放量阳 K 线形成时买进。注意不要追高买进。

（三）止赢原则：未来 8 小时内升幅达到 5% 以上，可考虑第一阶段短线止赢。未来 15 小时内升幅达到 10% 以上，可考虑第二阶段短线止赢。

（四）风险控制：短线阶段性拉升行情，最佳买点风险值控制在 5% 止损。如果未来 8 小时内股价放量滞涨，临盘亦要坚决出局，绝不参与股价不确定性的调整。

（五）实战训练：参见实战图谱 086 所示，短线严格按照技术要领操作。

【道破短线天机】实战图谱 086

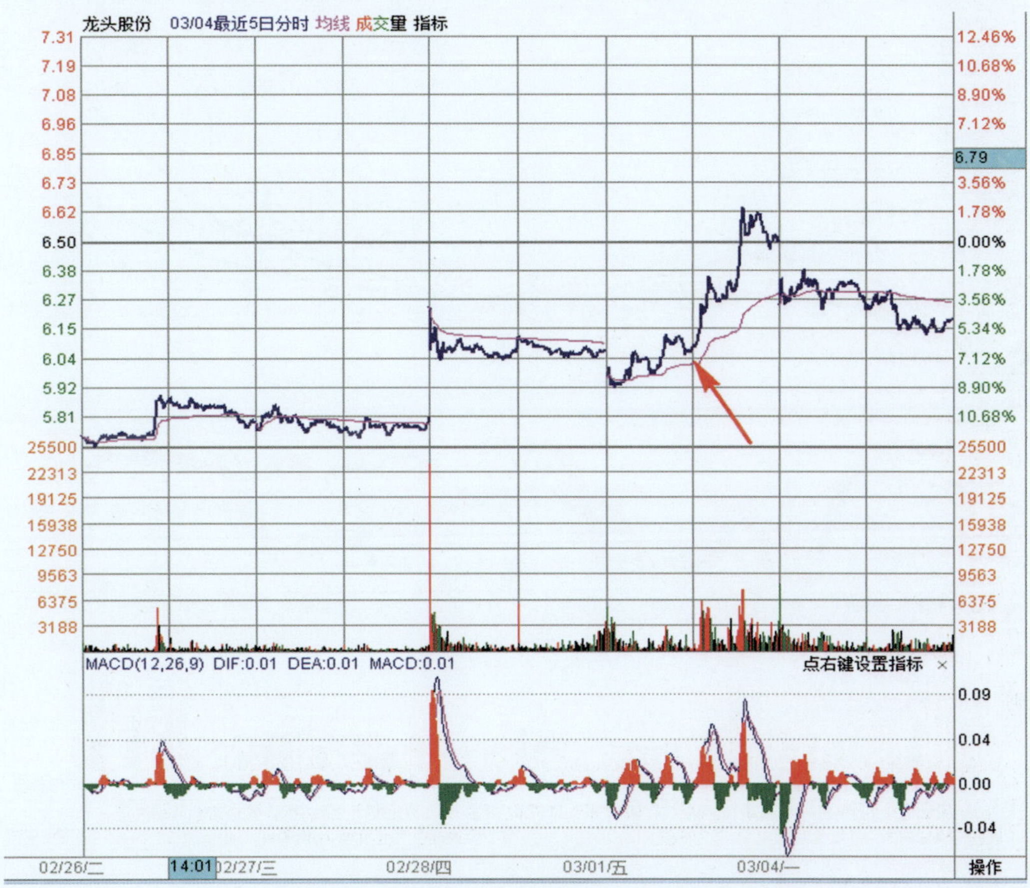

图例 086　龙头股份（600630）5 日分时走势图谱

职业操盘手实训要点：

对照软件，认真观察实战图谱，把它们的走势特点写下来：

（1）空间位置：________________

（2）均线结构：________________

（3）量能结构：________________

（4）形态特征：________________

（5）操盘决策：________________

【道破短线天机】实战图谱 087

图例 087 华东电脑（600850）15 分钟 K 线走势图谱

短线操盘策略分析：

（一）技术形态：均线系统明显多头排列，股价处在腾飞阶段。

（二）最佳买点：股价缩量打压至生命 20 线时买进。股价早盘低开回调第二个 15 分钟放量阳 K 线形成时买进。

（三）止赢原则：未来 8 小时内升幅达到 5% 以上，可考虑第一阶段短线止赢。未来 15 小时内升幅达到 10% 以上，可考虑第二阶段短线止赢。

（四）风险控制：短线阶段性拉升行情，最佳买点风险值控制在 5% 止损。如果未来 8 小时内股价放量滞涨，临盘亦要坚决出局，绝不参与股价不确定性的调整。

（五）实战训练：参见实战图谱 088 所示，短线严格按照技术要领操作。

【道破短线天机】实战图谱 088

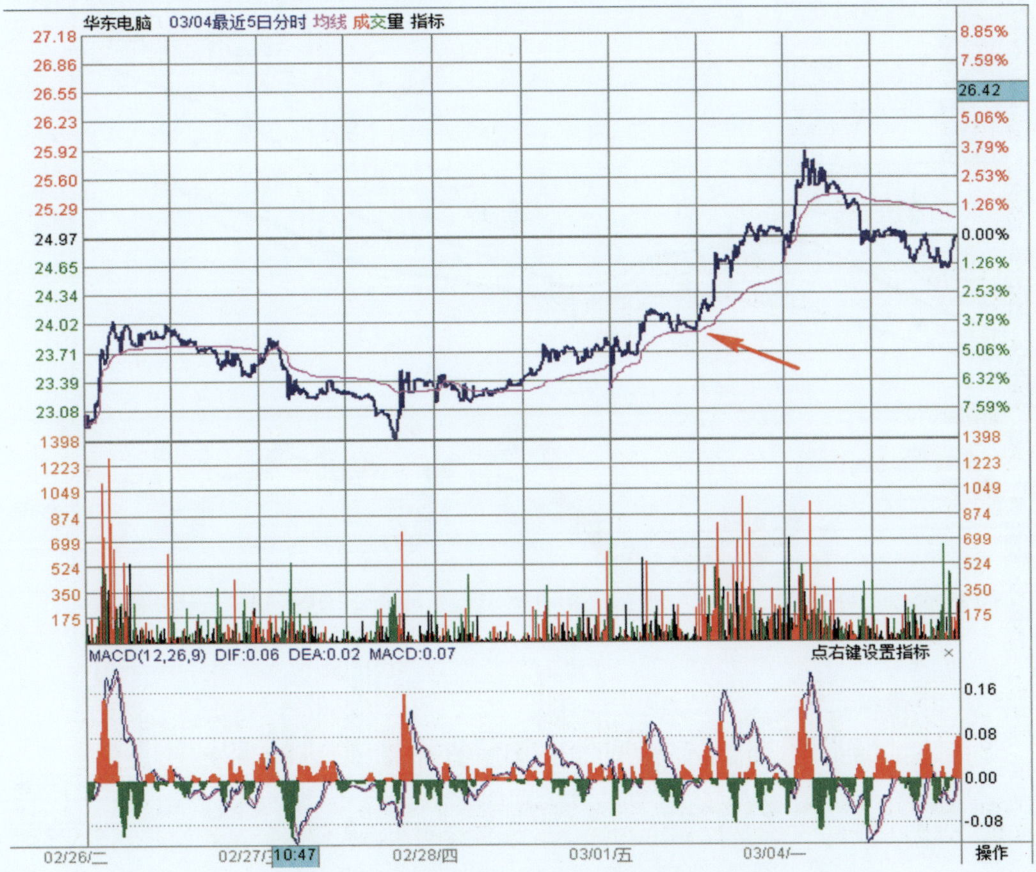

图例 088　华东电脑（600850）5 日分时走势图谱

职业操盘手实训要点：

对照软件，认真观察实战图谱，把它们的走势特点写下来：

（1）空间位置：____________________

（2）均线结构：____________________

（3）量能结构：____________________

（4）形态特征：____________________

（5）操盘决策：____________________

【道破短线天机】实战图谱 089

图例 089　三维通信（002115）15 分钟 K 线走势图谱

短线操盘策略分析：

（一）技术形态：均线系统多头排列趋势，短期整理基本到位。

（二）最佳买点：股价缩量打压至生命 30 线时买进。股价早盘低开回调第二个 15 分钟放量阳 K 线形成时买进。

（三）止赢原则：未来 8 小时内升幅达到 5% 以上，可考虑第一阶段短线止赢。未来 15 小时内升幅达到 10% 以上，可考虑第二阶段短线止赢。

（四）风险控制：短线阶段调整行情，最佳买点风险值控制在 5% 止损。如果未来 8 小时内股价放量滞涨，临盘亦要坚决出局，绝不参与股价不确定性的调整。

（五）实战训练：参见实战图谱 090 所示，短线严格按照技术要领操作。

【道破短线天机】实战图谱 090

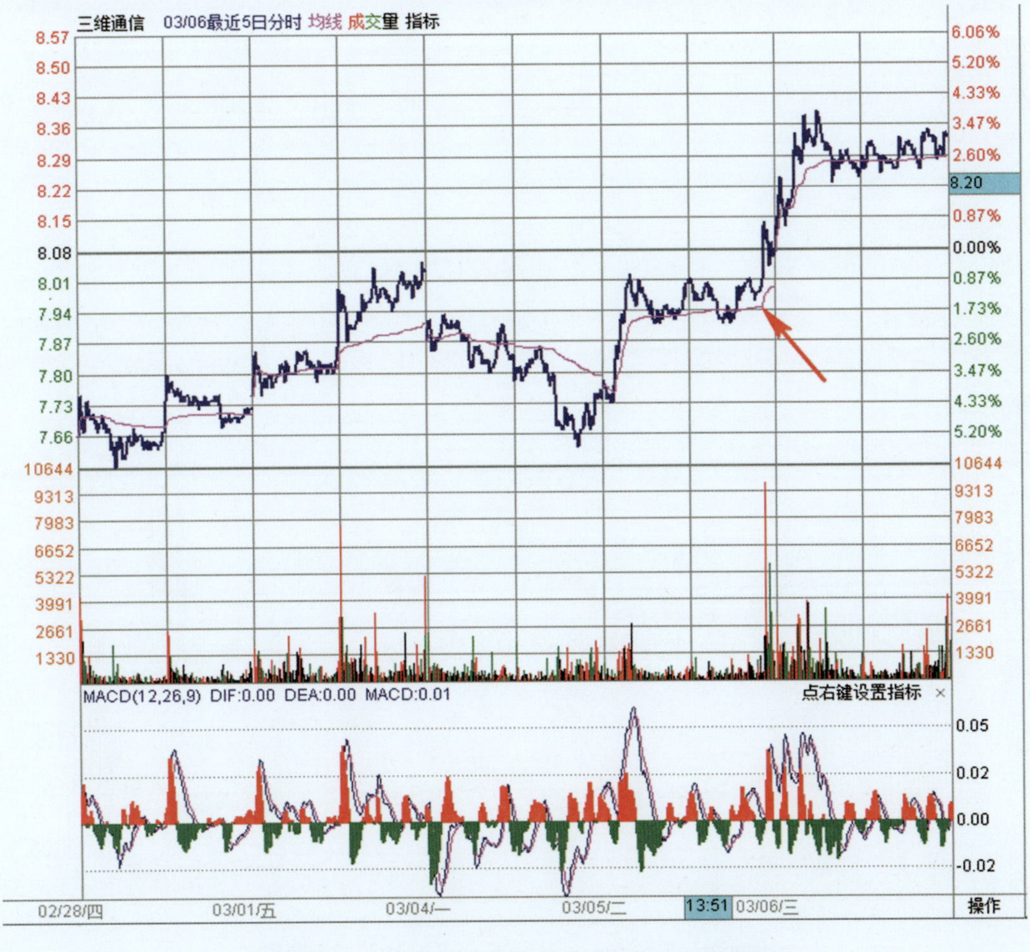

图例 090　三维通信（002115）5 日分时走势图谱

职业操盘手实训要点：

对照软件，认真观察实战图谱，把它们的走势特点写下来：

（1）空间位置：______

（2）均线结构：______

（3）量能结构：______

（4）形态特征：______

（5）操盘决策：______

【道破短线天机】实战图谱 091

图例 091　益民集团（600824）15 分钟 K 线走势图谱

短线操盘策略分析：

（一）技术形态：股价阶段性调整结束，继续进入拉升周期。

（二）最佳买点：股价缩量打压至生命 20 线时买进。股价早盘低开回调第二个 15 分钟放量阳 K 线形成时买进。记住不要追价买进。

（三）止赢原则：未来 8 小时内升幅达到 5% 以上，可考虑第一阶段短线止赢。未来 15 小时内升幅达到 10% 以上，可考虑第二阶段短线止赢。

（四）风险控制：短线阶段性拉升行情，最佳买点风险值控制在 5% 止损。如果未来 8 小时内股价放量滞涨，临盘亦要坚决出局，绝不参与股价不确定性的调整。

（五）实战训练：参见实战图谱 092 所示，短线严格按照技术要领操作。

【道破短线天机】实战图谱 092

图例 092　益民集团（600824）5 日分时走势图谱

职业操盘手实训要点：

对照软件，认真观察实战图谱，把它们的走势特点写下来：

（1）空间位置：________________

（2）均线结构：________________

（3）量能结构：________________

（4）形态特征：________________

（5）操盘决策：________________

【道破短线天机】实战图谱 093

图例 093　鲁北化工（600727）15 分钟 K 线走势图谱

短线操盘策略分析：

（一）技术形态：股价运行于空间位置高位，阶段性整理结束。

（二）最佳买点：股价缩量打压击穿生命20线时买进。股价早盘低开回调第二个15分钟缩量阴K线形成时买进。

（三）止赢原则：未来8小时内升幅达到5%以上，可考虑第一阶段短线止赢。未来15小时内升幅达到10%以上，可考虑第二阶段短线止赢。

（四）风险控制：短线阶段性拉升行情，最佳买点风险值控制在5%止损。如果未来8小时内股价放量滞涨，临盘亦要坚决出局，绝不参与股价不确定性的调整。

（五）实战训练：参见实战图谱094所示，短线严格按照技术要领操作。

【道破短线天机】实战图谱094

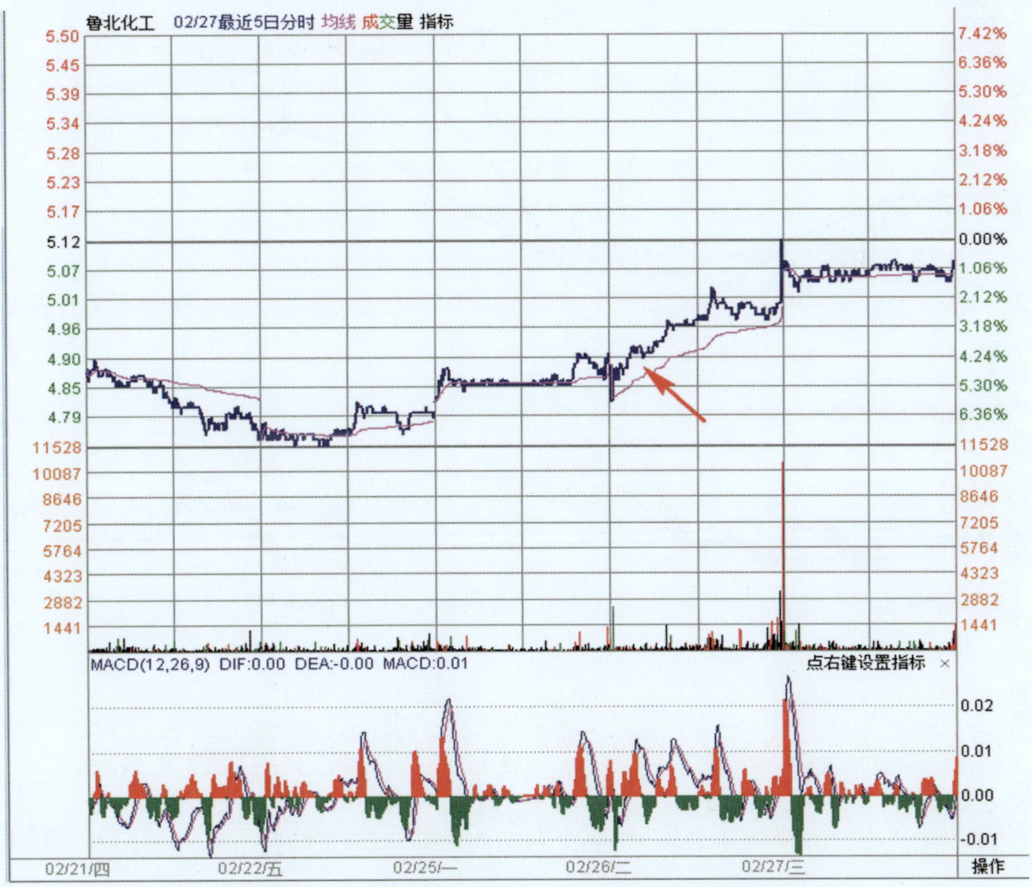

图例094　鲁北化工（600727）5日分时走势图谱

职业操盘手实训要点：

对照软件，认真观察实战图谱，把它们的走势特点写下来：

（1）空间位置：______________________________

（2）均线结构：______________________________

（3）量能结构：______________________________

（4）形态特征：______________________________

（5）操盘决策：______________________________

【道破短线天机】实战图谱 095

图例 095 鲁西化工（000830）15 分钟 K 线走势图谱

短线操盘策略分析：

（一）技术形态：均线系统多头排列，可以积极参与短线操作。

（二）最佳买点：股价缩量打压击穿生命 20 线时买进。股价早盘低开回调第二个 15 分钟缩量阴 K 线形成时买进。

（三）止赢原则：未来 8 小时内升幅达到 5% 以上，可考虑第一阶段短线止赢。未来 15 小时内升幅达到 10% 以上，可考虑第二阶段短线止赢。

（四）风险控制：短线阶段性拉升行情，最佳买点风险值控制在 5% 止损。如果未来 8 小时内股价放量滞涨，临盘亦要坚决出局，绝不参与股价不确定性的调整。

（五）实战训练：参见实战图谱 096 所示，短线严格按照技术要领操作。

【道破短线天机】实战图谱 096

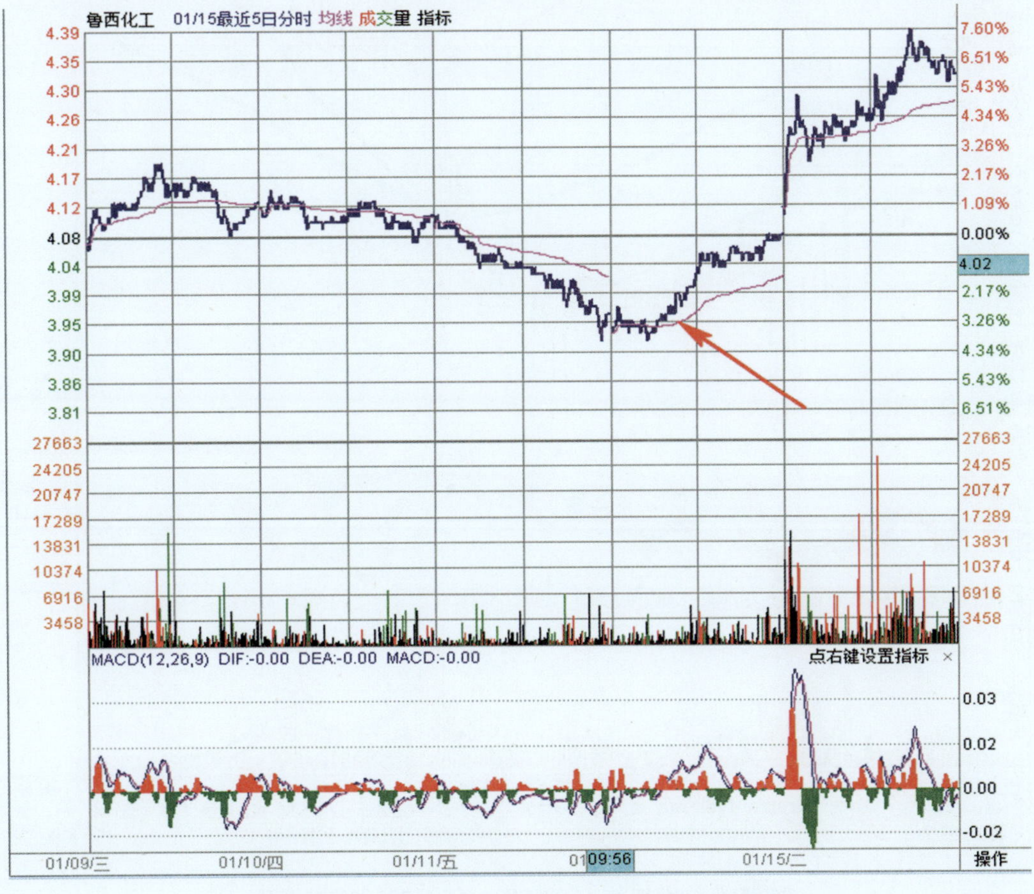

图例 096 鲁西化工（000830）5 日分时走势图谱

职业操盘手实训要点：

对照软件，认真观察实战图谱，把它们的走势特点写下来：

（1）空间位置：________________

（2）均线结构：________________

（3）量能结构：________________

（4）形态特征：________________

（5）操盘决策：________________

【道破短线天机】实战图谱 097

图例 097　新中基（000972）15 分钟 K 线走势图谱

短线操盘策略分析：

（一）技术形态：股价调整基本到位，积极进场操作。

（二）最佳买点：股价缩量打压至决策 60 线时买进。股价早盘低开回调第二个 15 分钟缩量阴 K 线形成时买进。

（三）止赢原则：未来 8 小时内升幅达到 5% 以上，可考虑第一阶段短线止赢。未来 15 小时内升幅达到 10% 以上，可考虑第二阶段短线止赢。

（四）风险控制：短线阶段性震荡行情，最佳买点风险值控制在 5% 止损。如果未来 8 小时内股价放量滞涨，临盘亦要坚决出局，绝不参与股价不确定性的调整。

（五）实战训练：参见实战图谱 098 所示，短线严格按照技术要领操作。

【道破短线天机】实战图谱 098

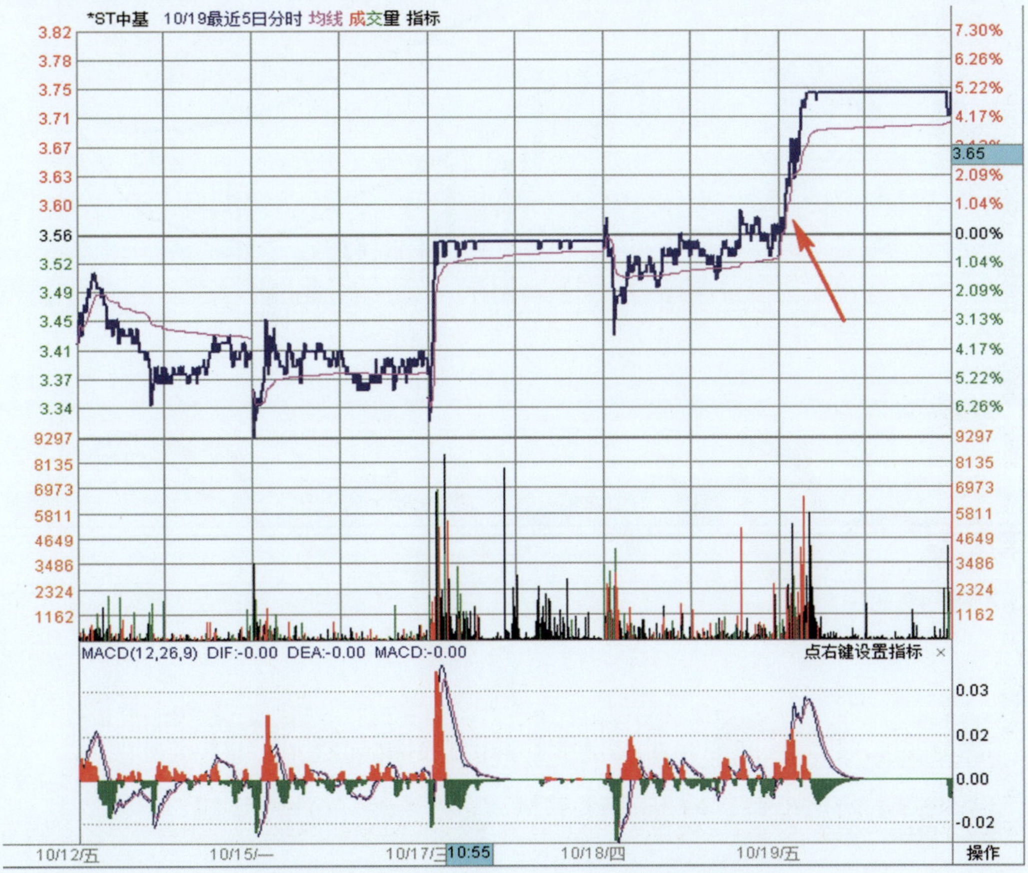

图例 098 新中基（000972）5 日分时走势图谱

职业操盘手实训要点：

对照软件，认真观察实战图谱，把它们的走势特点写下来：

（1）空间位置：________________

（2）均线结构：________________

（3）量能结构：________________

（4）形态特征：________________

（5）操盘决策：________________

【道破短线天机】实战图谱 099

图例 099　中信国安（000839）15 分钟 K 线走势图谱

短线操盘策略分析：

（一）技术形态：股价在60日均线附近出现止跌信号，可以短线操作。

（二）最佳买点：股价缩量打压至生命20线时买进。股价早盘低开回调第二个15分钟缩量阴K线形成时买进。

（三）止赢原则：未来8小时内升幅达到5%以上，可考虑第一阶段短线止赢。未来15小时内升幅达到10%以上，可考虑第二阶段短线止赢。

（四）风险控制：短线阶段性拉升行情，最佳买点风险值控制在5%止损。如果未来8小时内股价放量滞涨，临盘亦要坚决出局，绝不参与股价不确定性的调整。

（五）实战训练：参见实战图谱100所示，短线严格按照技术要领操作。

【道破短线天机】实战图谱100

图例100　中信国安（000839）5日分时走势图谱

职业操盘手实训要点：

对照软件，认真观察实战图谱，把它们的走势特点写下来：

（1）空间位置：______________________________

（2）均线结构：______________________________

（3）量能结构：______________________________

（4）形态特征：______________________________

（5）操盘决策：______________________________

【道破短线天机】实战图谱 101

图例 101　禾嘉股份（600093）15 分钟 K 线走势图谱

短线操盘策略分析：

（一）技术形态：股价进入到阶段性拉升的末期，短线操作为主。

（二）最佳买点：股价缩量打压击穿生命 30 线时买进。股价早盘低开回调第二个 15 分钟放量阴 K 线形成时买进。

（三）止赢原则：未来 8 小时内升幅达到 5% 以上，可考虑第一阶段短线止赢。未来 15 小时内升幅达到 10% 以上，可考虑第二阶段短线止赢。

（四）风险控制：短线阶段性拉升行情，最佳买点风险值控制在 5% 止损。如果未来 8 小时内股价放量滞涨，临盘亦要坚决出局，绝不参与股价不确定性的调整。

（五）实战训练：参见实战图谱 102 所示，短线严格按照技术要领操作。

【道破短线天机】实战图谱 102

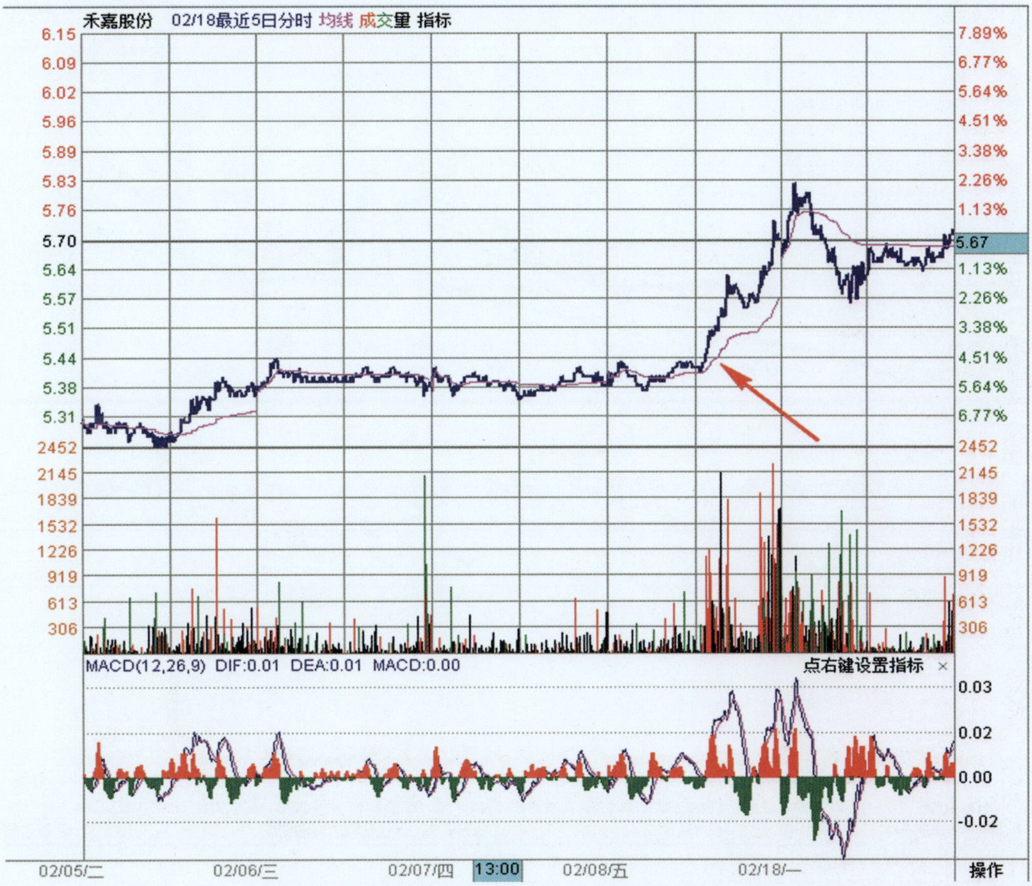

图例 102　禾嘉股份（600093）5 日分时走势图谱

职业操盘手实训要点：

对照软件，认真观察实战图谱，把它们的走势特点写下来：

（1）空间位置：______

（2）均线结构：______

（3）量能结构：______

（4）形态特征：______

（5）操盘决策：______

【道破短线天机】实战图谱 103

图例 103　开开实业（600272）15 分钟 K 线走势图谱

短线操盘策略分析：

（一）技术形态：股价运行到拉升阶段的末期，短线操作为主。

（二）最佳买点：股价放量突破昨日最高价时买进。股价早盘第一个 15 分钟放量阳 K 线形成时买进。记住不要追价买进。

（三）止赢原则：未来 8 小时内升幅达到 5% 以上，可考虑第一阶段短线止赢。未来 15 小时内升幅达到 10% 以上，可考虑第二阶段短线止赢。

（四）风险控制：短线阶段性拉升行情，最佳买点风险值控制在 5% 止损。如果未来 8 小时内股价放量滞涨，临盘亦要坚决出局，绝不参与股价不确定性的调整。

（五）实战训练：参见实战图谱 104 所示，短线严格按照技术要领操作。

【道破短线天机】实战图谱 104

图例 104　开开实业（600272）5 日分时走势图谱

职业操盘手实训要点：

对照软件，认真观察实战图谱，把它们的走势特点写下来：

（1）空间位置：______________________________

（2）均线结构：______________________________

（3）量能结构：______________________________

（4）形态特征：______________________________

（5）操盘决策：______________________________

【道破短线天机】实战图谱 105

图例 105 海南海药（000566）15 分钟 K 线走势图谱

短线操盘策略分析：

（一）技术形态：股价在决策线上起涨，进入新一轮拉升阶段。

（二）最佳卖点：股价盘中冲高无量时果断卖出。股价盘中出现长上影线 K 线特征时及时卖出。注意及时止盈，保住胜利果实。

（三）止赢原则：股价出现放量滞涨或者无量创新高技术特征时果断止赢。股价出现典型长上影 K 线结构时果断止赢。

（四）风险控制：短线从启动点买入盈利 5% 果断止赢，防范不确定性风险。股价出现放量滞涨，临盘亦要坚决出局，绝不参与股价不确定性的调整。

（五）实战训练：参见实战图谱 106 所示，短线严格按照技术要领操作。

【道破短线天机】实战图谱 106

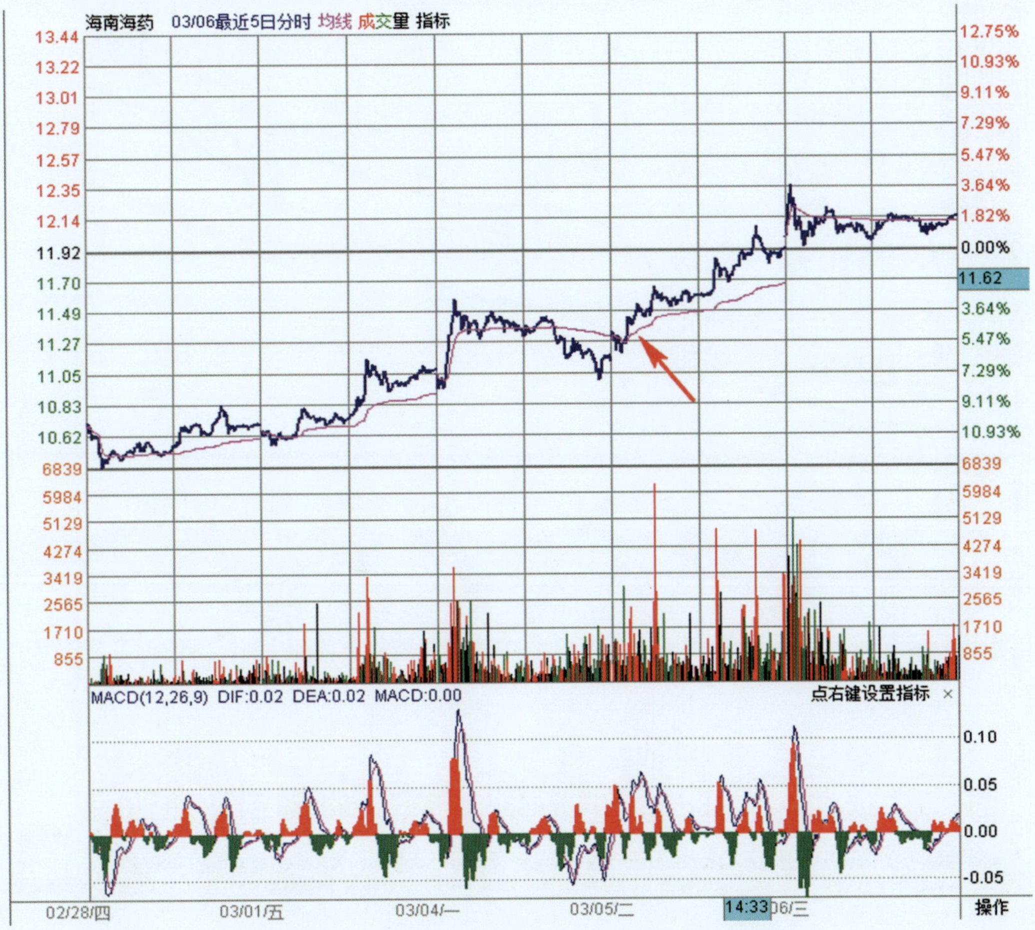

图例 106　海南海药（000566）5 日分时走势图谱

职业操盘手实训要点：

对照软件，认真观察实战图谱，把它们的走势特点写下来：

（1）空间位置：________

（2）均线结构：________

（3）量能结构：________

（4）形态特征：________

（5）操盘决策：________

【道破短线天机】实战图谱 107

图例 107　石基信息（002153）15 分钟 K 线走势图谱

短线操盘策略分析：

（一）技术形态：股价进入短期盘头阶段，注意风险。

（二）最佳卖点：股价盘中冲高无力时果断卖出。股价盘中出现长上影线 K 线特征时及时卖出。注意及时止盈，保住胜利果实。

（三）止赢原则：股价出现放量滞涨或者无量创新高技术特征时果断止赢。股价出现典型长上影 K 线结构时果断止赢。

（四）风险控制：短线从启动点买入盈利 5% 果断止赢，防范不确定性风险。股价出现放量滞涨，临盘亦要坚决出局，绝不参与股价不确定性的调整。

（五）实战训练：参见实战图谱 108 所示，短线严格按照技术要领操作。

【道破短线天机】实战图谱 108

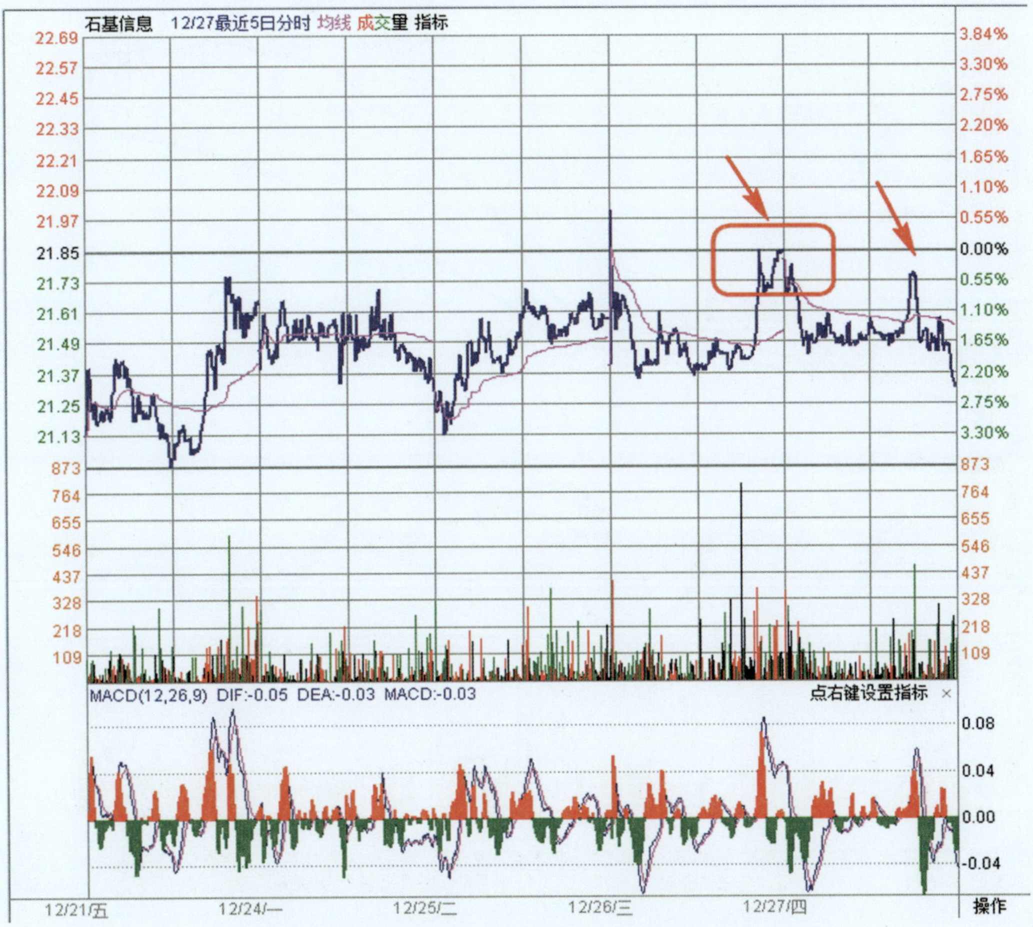

图例 108　石基信息（002153）5 日分时走势图谱

职业操盘手实训要点：

对照软件，认真观察实战图谱，把它们的走势特点写下来：

（1）空间位置：______________________________

（2）均线结构：______________________________

（3）量能结构：______________________________

（4）形态特征：______________________________

（5）操盘决策：______________________________

【道破短线天机】实战图谱 109

图例 109 青岛海尔（600690）15 分钟 K 线走势图谱

短线操盘策略分析：

（一）技术形态：股价进入盘头阶段，获利盘多，抛压大，规避风险。

（二）最佳卖点：股价盘中冲高无量时果断卖出。股价盘中出现长上影线 K 线特征时及时卖出。注意及时止盈，保存胜利果实。

（三）止赢原则：股价出现放量滞涨或者无量创新高技术特征时果断止赢。股价出现典型长上影 K 线结构时果断止赢。

（四）风险控制：短线从启动点买入盈利 5% 果断止赢，防范不确定性风险。股价出现放量滞涨，临盘亦要坚决出局，绝不参与股价不确定性的调整。

（五）实战训练：参见实战图谱 110 所示，短线严格按照技术要领操作。

【道破短线天机】实战图谱 110

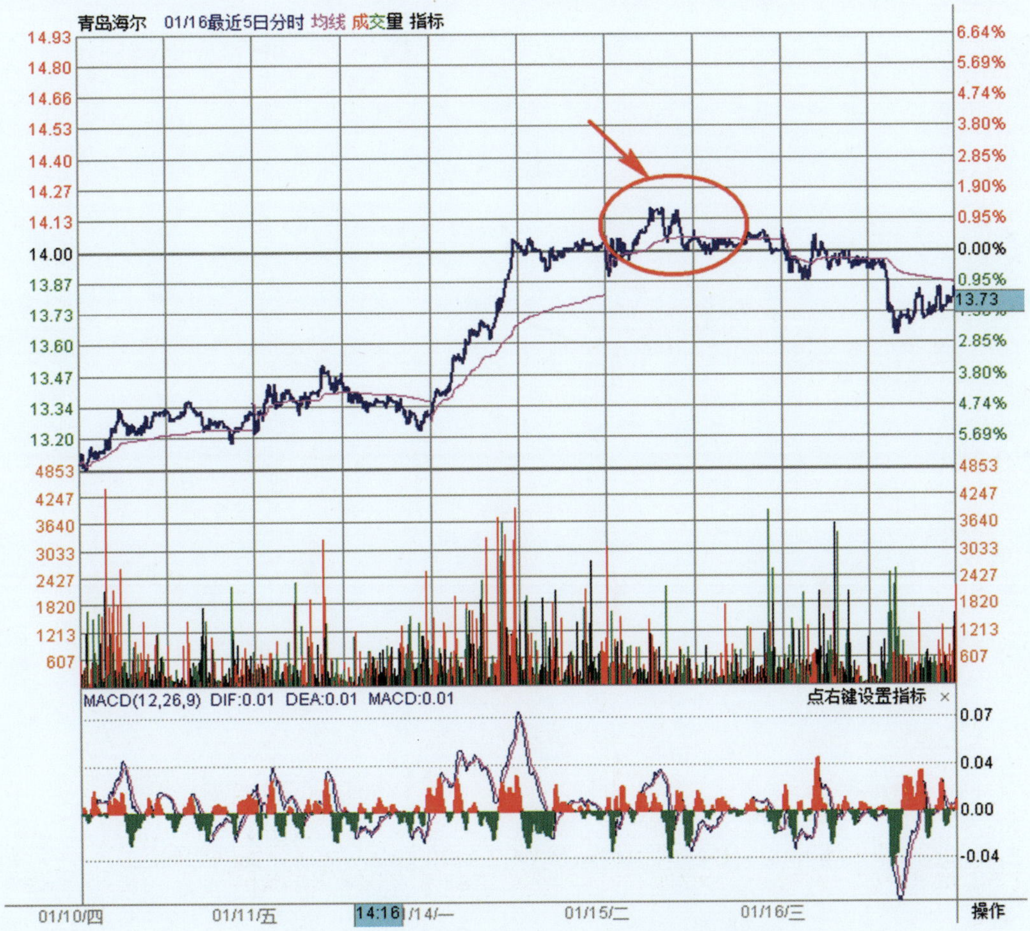

图例 110 青岛海尔（600690）5 日分时走势图谱

职业操盘手实训要点：

对照软件，认真观察实战图谱，把它们的走势特点写下来：

（1）空间位置：________________

（2）均线结构：________________

（3）量能结构：________________

（4）形态特征：________________

（5）操盘决策：________________

第四章

即时图短线技术

第一节 即时图短线技术要领

一、狙击时间段设定

（1）最佳狙击时间：早盘第一时间段和第二时间段。

（2）次佳狙击时间：午盘第五时间段和第六时间段。

二、买进策略

（1）低开震仓买进。股价昨日放量收中阳 K 线，今日早盘突然大幅低开，这基本上是主力通过集合竞价开盘震仓。该股上涨趋势形态已经形成，可在早盘低开时大胆买进。

（2）双底买进。股价早盘反复震荡盘跌并放量创下当日新低，低位放量说明有资金在接纳建仓。当股价反弹后第二次下跌不破前低时，可即时买进。

（3）尖刀底买进。股价快速下跌，杀跌波形极长，并形成尖刀底状态。股价在创出当日新低时，量能放大，说明主力杀跌是为诱空，主力在低位承接。当股价在低位放量时，可即时买进。这是短线获取暴利的重要买入法。

（4）头肩底买进。股价反复震荡盘跌，在创出当日新低后，股价展开反弹并回升至均价线之上。股价形成典型头肩底。当股价再次拉升于均价线之上时，可即时买进。

（5）拉升回档买进。股价放量拉升，突破重要阻力位包括（昨收盘价、今开盘价和今最高价），股价攻击形态确立，大涨趋势已经形成。当股价回档至均价附近时，可即时买进。

（6）草上飞买进。股价在早盘经过一轮放量拉升后，主力将股价维持于均价线之上反复震荡，量能萎缩。股价数次下探，均无法有效击穿均价线，因此形成“草上飞”走势。当股价回调均价线多次破时，可即时买进。

三、卖出策略

（1）无量拉升卖出。股价在盘中形成二个以上波段的拉升，第一个波段放量攻击后，主力继续形成第二个或者第三个波段的拉升，但拉升时没有放量，说明主力对敲操盘，实际并未投入资金，这是股价阶段性见顶调整的信号。因此，应在无量拉升时果断卖出。

（2）放量滞涨卖出。股价在早盘放量以一个或者二个以上波段推高之后，主力将股价维持在均价线之上反复震荡，其后，股价再次放量但并未向上突破，这说明主力在盘中对倒出货，股价已经阶段性见顶。因此，应在放量滞涨时果断卖出。

（3）二次不封涨停卖出。股价以涨停开盘或者放量攻击涨停，但盘中快速开板，股价回调至均价线之上反复震荡，其后，股价再次攻击涨停，但盘中成交量减少，攻击力度趋弱，股价无力封住涨停。这种情况一方面说明上档抛压巨大，另一方面说明主力在盘中借涨停出货，股价已经阶段性见顶。因此，应在二次不能封涨停时果断卖出。

（4）回头波卖出。股价在早盘或中盘以一波或多波拉升放量攻击形成假升形态，在创出当日新高后，主力反手打压，股价反复震荡盘跌，形成典型回头波形。这说明股价已经阶段性见顶，调整即将开始。因此，当股价创新高后回调击穿均价线时应果断卖出。

第二节　即时图技术实战图谱

【道破短线天机】实战图谱 111

图例 111　宋都股份（600077）日 K 线走势图谱

短线操盘策略分析：

（一）日线形态：前一日已经放量冲击 60 日均线，试图突破。

（二）最佳买点：股价快速突破底部平台上轨 5．8 元价格时果断买进。

（三）止赢原则：未来 8 小时内升幅达到 5% 以上，可考虑短线止赢。

（四）风险控制：短线底部平台突破拉升行情，最佳买点风险值控制在 5% 止损。如果未来 8 小时内股价放量滞涨，临盘亦要坚决出局，绝不参与股价不确定性的调整。

（五）实战训练：参见实战图谱 112 所示，短线严格按照技术要领操作。

【道破短线天机】实战图谱 112

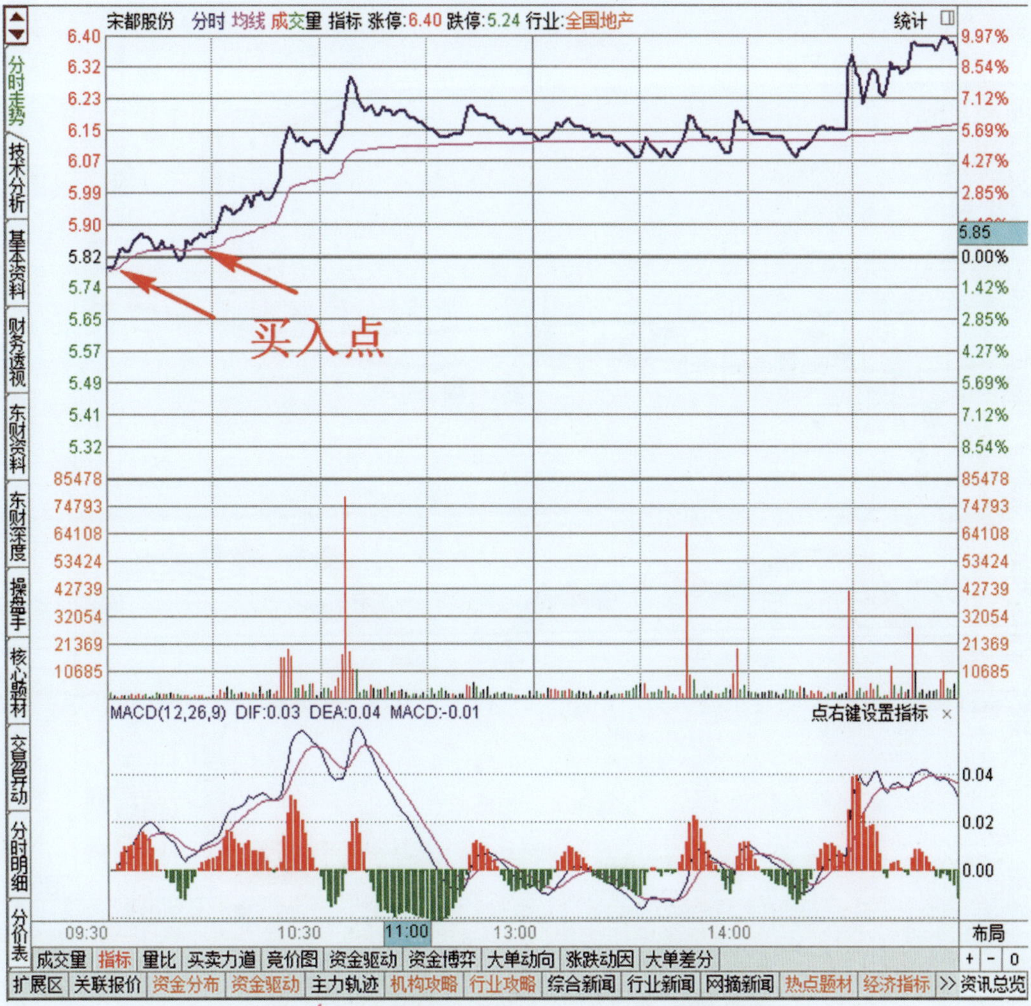

图例 112　宋都股份（600077）即时图走势图谱

职业操盘手实训要点：

对照软件，认真观察实战图谱，把它们的走势特点写下来：

（1）空间位置：________________

（2）均线结构：________________

（3）量能结构：________________

（4）形态特征：________________

（5）操盘决策：________________

【道破短线天机】实战图谱 113

图例 113　陕西金叶（000812）日 K 线走势图谱

短线操盘策略分析：

（一）日线形态：短期均线系统出现低位粘合迹象，60 日均线走平向上。

（二）最佳买点：股价快速突破生命 20 线 4．1 元价格时果断买进。

（三）止赢原则：未来 8 小时内升幅达到 5% 以上，可考虑短线止赢。

（四）风险控制：短线底部反弹拉升行情，最佳买点风险值控制在 5% 止损。如果未来 8 小时内股价放量滞涨，临盘亦要坚决出局，绝不参与股价不确定性的调整。

（五）实战训练：参见实战图谱 114 所示，短线严格按照技术要领操作。

【道破短线天机】实战图谱 114

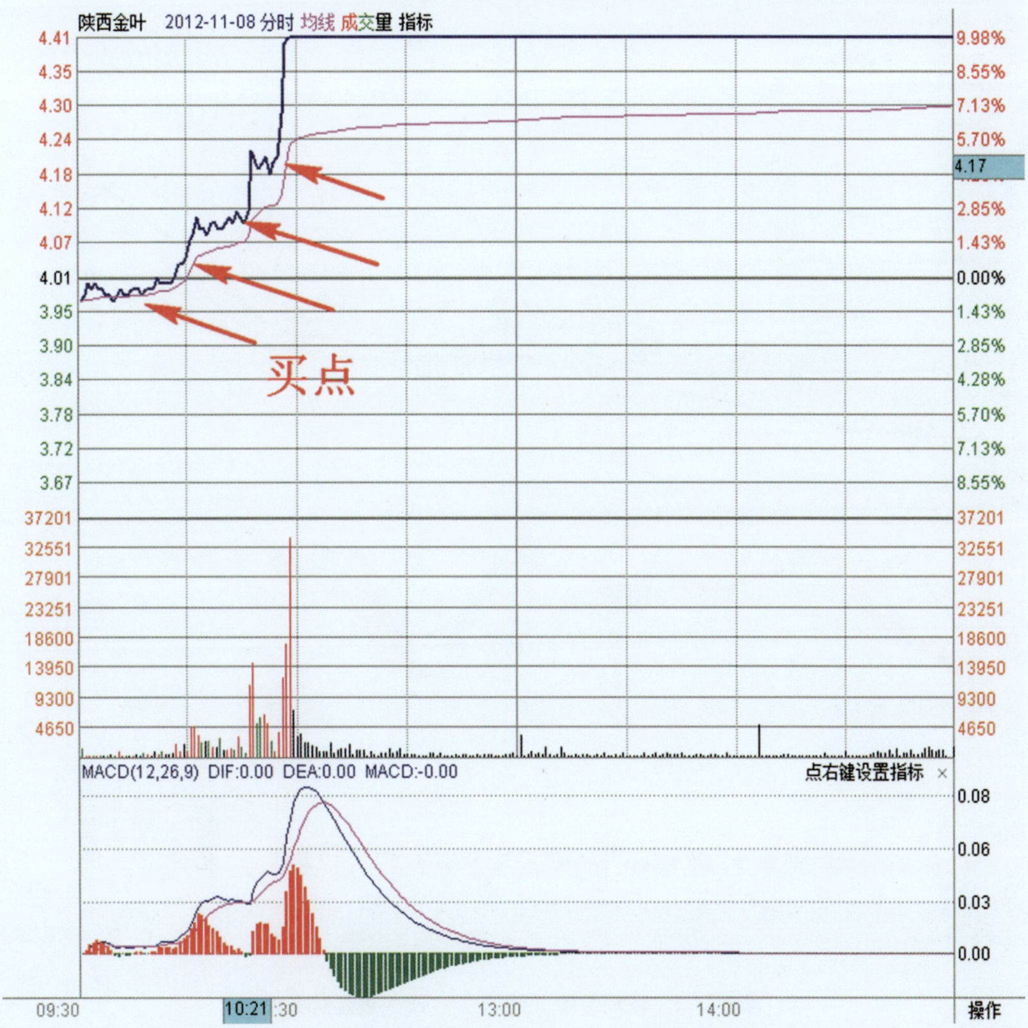

图例 114　陕西金叶（000812）即时图走势图谱

职业操盘手实训要点：

对照软件，认真观察实战图谱，把它们的走势特点写下来：

（1）空间位置：______________________

（2）均线结构：______________________

（3）量能结构：______________________

（4）形态特征：______________________

（5）操盘决策：______________________

【道破短线天机】实战图谱 115

图例 115　西安饮食（000721）日 K 线走势图谱

短线操盘策略分析：

（一）日线形态：均线系统多头排列趋势，可以积极操作。

（二）最佳买点：股价快速突破生命 20 线时果断买进。股价盘中反复震荡盘升回调均价线时果断买进。

（三）止赢原则：未来 8 小时内升幅达到 5% 以上，可考虑短线止赢。

（四）风险控制：短线底部平台突破拉升行情，最佳买点风险值控制在 5% 止损。如果未来 8 小时内股价放量滞涨，临盘亦要坚决出局，绝不参与股价不确定性的调整。

（五）实战训练：参见实战图谱 116 所示，短线严格按照技术要领操作。

【道破短线天机】实战图谱 116

图例 116 西安饮食（000721）即时图走势图谱

职业操盘手实训要点：

对照软件，认真观察实战图谱，把它们的走势特点写下来：

（1）空间位置：______________________________

（2）均线结构：______________________________

（3）量能结构：______________________________

（4）形态特征：______________________________

（5）操盘决策：______________________________

【道破短线天机】实战图谱 117

图例 117　准油股份（002207）日 K 线走势图谱

短线操盘策略分析：

（一）日线形态：短期均线系统金叉向上，股价突破 60 日均线压制。

（二）最佳买点：股价早盘不再创新低时可低吸买进。

（三）止赢原则：未来 8 小时内升幅达到 5% 以上，可考虑短线止赢。

（四）风险控制：短线底部平台突破拉升行情，最佳买点风险值控制在 5% 止损。如果未来 8 小时内股价放量滞涨，临盘亦要坚决出局，绝不参与股价不确定性的调整。

（五）实战训练：参见实战图谱 118 所示，短线严格按照技术要领操作。

【道破短线天机】实战图谱 118

图例 118　准油股份（002207）即时图走势图谱

职业操盘手实训要点：

对照软件，认真观察实战图谱，把它们的走势特点写下来：

（1）空间位置：________________

（2）均线结构：________________

（3）量能结构：________________

（4）形态特征：________________

（5）操盘决策：________________

【道破短线天机】实战图谱 119

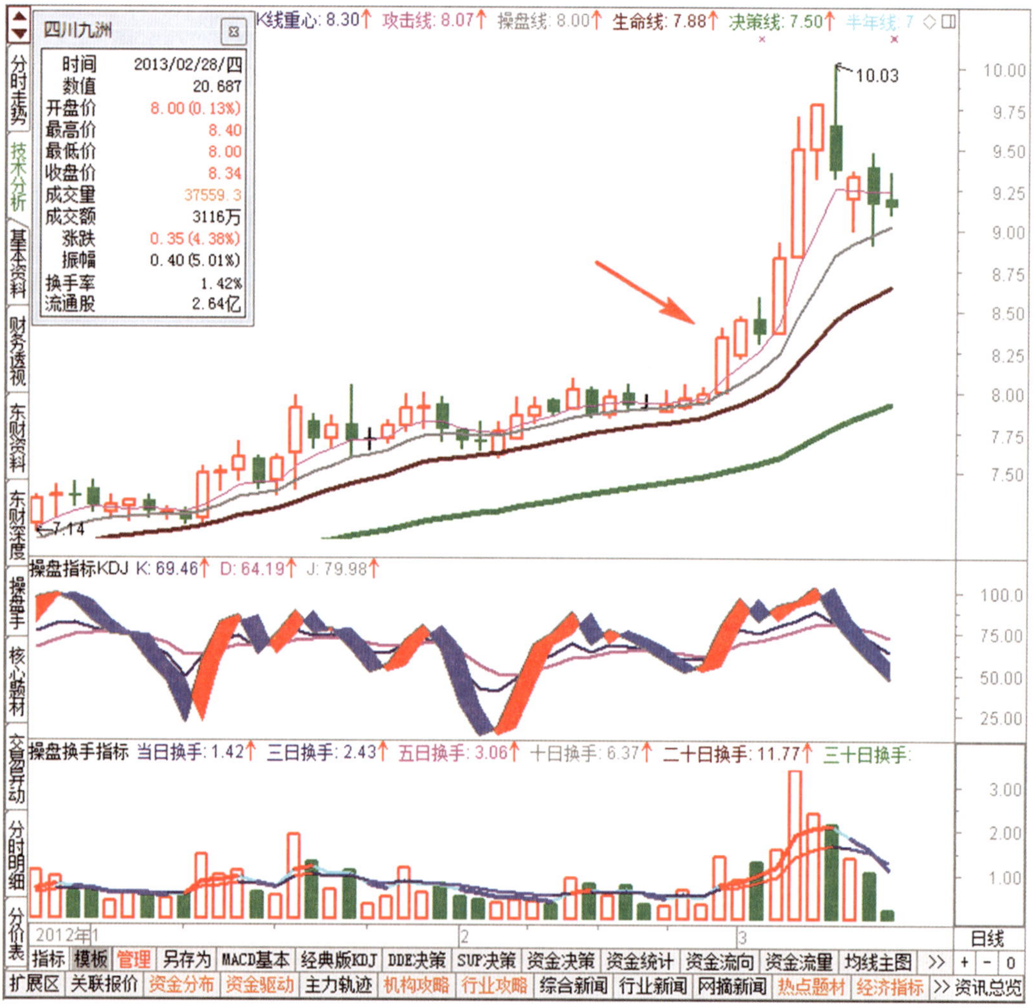

图例 119 四川湖山（000801）日 K 线走势图谱

短线操盘策略分析：

（一）日线形态：均线系统明显多头向上，腾飞点走势来临。

（二）最佳买点：股价盘中回调二次不破新低时果断买进。尾盘收市时果断买进。

（三）止赢原则：未来 8 小时内升幅达到 5% 以上，可考虑短线止赢。

（四）风险控制：短线底部平台突破拉升行情，最佳买点风险值控制在 5% 止损。如果未来 8 小时内股价放量滞涨，临盘亦要坚决出局，绝不参与股价不确定性的调整。

（五）实战训练：参见实战图谱 120 所示，短线严格按照技术要领操作。

【道破短线天机】实战图谱 120

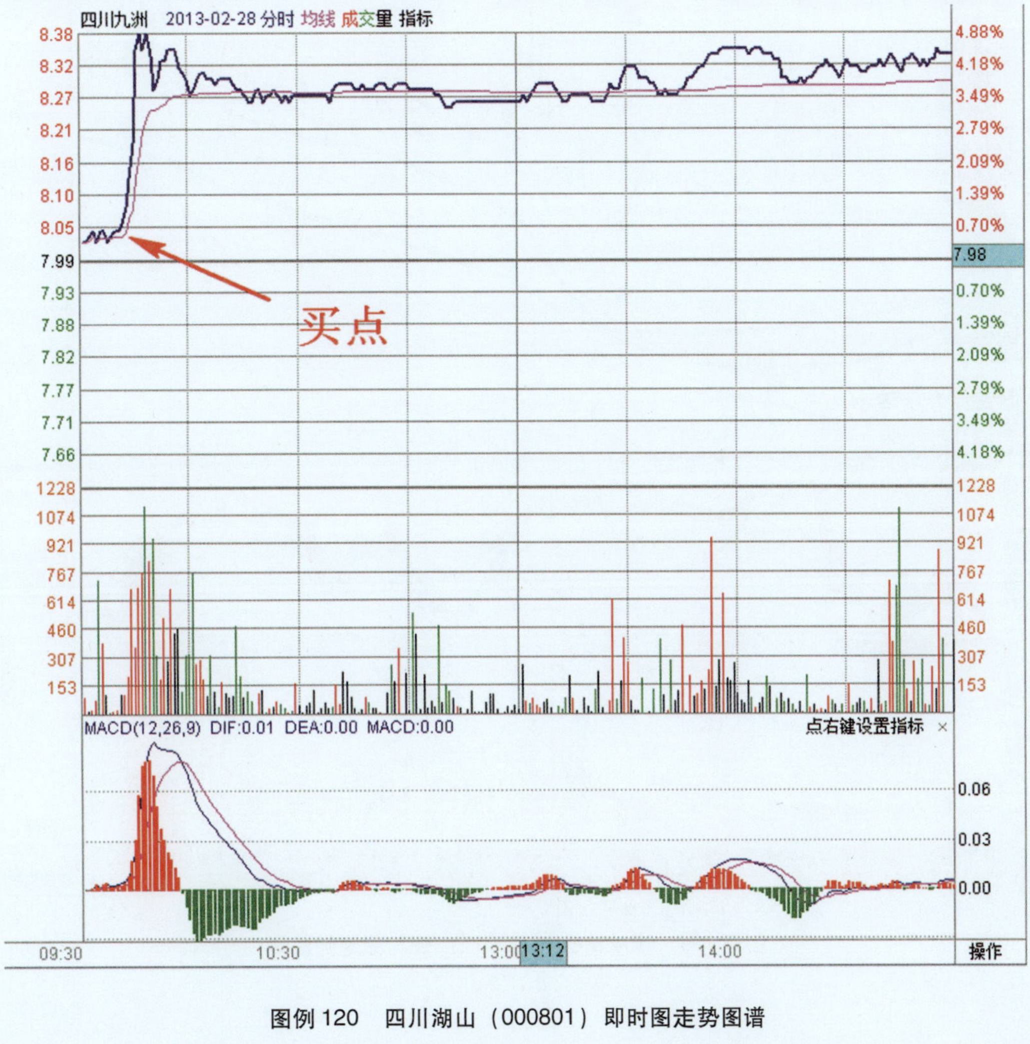

图例 120 四川湖山（000801）即时图走势图谱

职业操盘手实训要点：

对照软件，认真观察实战图谱，把它们的走势特点写下来：

（1）空间位置：________________

（2）均线结构：________________

（3）量能结构：________________

（4）形态特征：________________

（5）操盘决策：________________

【道破短线天机】实战图谱 121

图例 121 中航精机（002013）日 K 线走势图谱

短线操盘策略分析：

（一）日线形态：均线系统处于加速发散阶段，腾飞点走势出现。

（二）最佳买点：股价盘中回调二次不破新低时果断买进。

（三）止赢原则：未来 8 小时内升幅达到 5% 以上，可考虑短线止赢。

（四）风险控制：短线底部反弹拉升行情，最佳买点风险值控制在 5% 止损。如果未来 8 小时内股价放量滞涨，临盘亦要坚决出局，绝不参与股价不确定性的调整。

（五）实战训练：参见实战图谱 122 所示，短线严格按照技术要领操作。

【道破短线天机】实战图谱 122

图例 122　中航精机（002013）即时图走势图谱

职业操盘手实训要点：

对照软件，认真观察实战图谱，把它们的走势特点写下来：

（1）空间位置：______

（2）均线结构：______

（3）量能结构：______

（4）形态特征：______

（5）操盘决策：______

【道破短线天机】实战图谱 123

图例 123　凌云股份（600480）日 K 线走势图谱

短线操盘策略分析：

（一）日线形态：股价回调到决策线附近，不创新低，初步站稳。

（二）最佳买点：股价尾盘收盘时买进。股价次日开盘时果断买进。

（三）止赢原则：未来 8 小时内升幅达到 5% 以上，可考虑短线止赢。

（四）风险控制：短线反弹拉升行情，最佳买点风险值控制在 5% 止损。如果未来 8 小时内股价放量滞涨，临盘亦要坚决出局，绝不参与股价不确定性的调整。

（五）实战训练：参见实战图谱 124 所示，短线严格按照技术要领操作。

【道破短线天机】实战图谱 124

图例 124 凌云股份（600480）即时图走势图谱

职业操盘手实训要点：

对照软件，认真观察实战图谱，把它们的走势特点写下来：

（1）空间位置：________________

（2）均线结构：________________

（3）量能结构：________________

（4）形态特征：________________

（5）操盘决策：________________

【道破短线天机】实战图谱 125

图例 125　轴研科技（002046）日 K 线走势图谱

短线操盘策略分析：

（一）日线形态：

（二）最佳买点：股价尾盘收市时买进。股价次日早盘低开震仓时果断买进。

（三）止赢原则：未来 8 小时内升幅达到 5% 以上，可考虑短线止赢。

（四）风险控制：短线底部反弹拉升行情，最佳买点风险值控制在 5% 止损。如果未来 8 小时内股价放量滞涨，临盘亦要坚决出局，绝不参与股价不确定性的调整。

（五）实战训练：参见实战图谱 126 所示，短线严格按照技术要领操作。

【道破短线天机】实战图谱 126

图例 126 轴研科技（002046）即时图走势图谱

职业操盘手实训要点：

对照软件，认真观察实战图谱，把它们的走势特点写下来：

（1）空间位置：______________________________

（2）均线结构：______________________________

（3）量能结构：______________________________

（4）形态特征：______________________________

（5）操盘决策：______________________________

【道破短线天机】实战图谱 127

图例 127　黑化股份（600179）日 K 线走势图谱

短线操盘策略分析：

（一）日线形态：短期调整到位，再次拉升，短线操作。

（二）最佳买点：盘中放量创出第三时间段新高时果断买进。尾盘收市时果断买进。

（三）止赢原则：未来 8 小时内升幅达到 5% 以上，可考虑短线止赢。

（四）风险控制：短线底部反弹拉升行情，最佳买点风险值控制在 5% 止损。如果未来 8 小时内股价放量滞涨，临盘亦要坚决出局，绝不参与股价不确定性的调整。

（五）实战训练：参见实战图谱 128 所示，短线严格按照技术要领操作。

【道破短线天机】实战图谱 128

图例 128 黑化股份（600179）即时图走势图谱

职业操盘手实训要点：

对照软件，认真观察实战图谱，把它们的走势特点写下来：

（1）空间位置：________________

（2）均线结构：________________

（3）量能结构：________________

（4）形态特征：________________

（5）操盘决策：________________

【道破短线天机】实战图谱 129

图例 129　氯碱化工（600618）日 K 线走势图谱

短线操盘策略分析：

（一）日线形态：股价在生命线附近构筑阶段性底部，短线操作。

（二）最佳买点：盘中回调二次不破均价线时果断买进。盘中选择低点果断买进。

（三）止赢原则：未来 8 小时内升幅达到 5% 以上，可考虑短线止赢。

（四）风险控制：短线底部反弹拉升行情，最佳买点风险值控制在 5% 止损。如果未来 8 小时内股价放量滞涨，临盘亦要坚决出局，绝不参与股价不确定性的调整。

（五）实战训练：参见实战图谱 130 所示，短线严格按照技术要领操作。

【道破短线天机】实战图谱 130

图例 130 氯碱化工（600618）即时图走势图谱

职业操盘手实训要点：

对照软件，认真观察实战图谱，把它们的走势特点写下来：

（1）空间位置：______________________________

（2）均线结构：______________________________

（3）量能结构：______________________________

（4）形态特征：______________________________

（5）操盘决策：______________________________

【道破短线天机】实战图谱 131

图例 131　盘江股份（600395）日 K 线走势图谱

短线操盘策略分析：

（一）日线形态：短期均线已经金叉向上，冲击 60 日均线。

（二）最佳买点：盘中形成尖刀底下跌形态不破新低时果断买进。

（三）止赢原则：未来 8 小时内升幅达到 5% 以上，可考虑短线止赢。

（四）风险控制：短线底部止跌反弹行情，最佳买点风险值控制在 5% 止损。如果未来 8 小时内股价放量滞涨，临盘亦要坚决出局，绝不参与股价不确定性的调整。

（五）实战训练：参见实战图谱 132 所示，短线严格按照技术要领操作。

【道破短线天机】实战图谱 132

图例 132 盘江股份（600395）即时图走势图谱

职业操盘手实训要点：

对照软件，认真观察实战图谱，把它们的走势特点写下来：

（1）空间位置：________________

（2）均线结构：________________

（3）量能结构：________________

（4）形态特征：________________

（5）操盘决策：________________

【道破短线天机】实战图谱 133

图例 133 达意隆（002209）日 K 线走势图谱

短线操盘策略分析：

（一）日线形态：股价短期调整到位，进入新的拉升周期，短线操作。

（二）最佳买点：盘中回调二次不破新低时果断买进。尾盘收市不破新低时果断买进。

（三）止赢原则：未来 8 小时内升幅达到 5% 以上，可考虑短线止赢。

（四）风险控制：短线底部平台突破拉升行情，最佳买点风险值控制在 5% 止损。如果未来 8 小时内股价放量滞涨，临盘亦要坚决出局，绝不参与股价不确定性的调整。

（五）实战训练：参见实战图谱 134 所示，短线严格按照技术要领操作。

【道破短线天机】实战图谱 134

图例 134 达意隆（002209）即时图走势图谱

职业操盘手实训要点：

对照软件，认真观察实战图谱，把它们的走势特点写下来：

（1）空间位置：____

（2）均线结构：____

（3）量能结构：____

（4）形态特征：____

（5）操盘决策：____

第五章

短线风控原则

第一节　短线止赢法则

风险控制是所有的投资环节中最重要的手段，这是保证在股市投资过程中长期盈利的根本。同投资原则、投资纪律一样，风险控制正是建立在投资原则的基础之上，坚守投资纪律的最重要表现。风险控制的重要性可以保证投资者永远立于不败之地，让投资者以最少的代价换来最伟大的成功！可以这样说，认识不到风险控制的重要性，或者没有风险控制的投资管理手段，这样的投资者就像盲人骑象、暗夜划船，是不可能获得持续成功的！

很多投资者会出现这样的事情，本来买了一只股票是赚钱的，但结果到后来却变成了赔钱，甚至遭受高度套牢的结局。这样的情况在股市里比比皆是。造成这种结局一般情况下有两种最重要的因素：其一是强烈的贪婪心态所致；其二是没有学会运用止赢法则。

止赢法则是投资者走向成功的基础，也是保持持续赢利的重要手段。

止赢法则的核心宗旨是：及时保住胜利果实。

止赢法则的核心原则是：积小赚为大赢，聚沙成塔。

那么，什么是止赢法则？

打个比方，如果一个投资者在10元价格买了一只股票，后来该股涨到15元，为了保住胜利果实，此时，应在15元减持60%的仓位。一般情况下，该股此时会有两种发展趋势，其一是向下展开阶段性调整，其二是继续震荡盘升上涨至20元。如果出现第一种趋势，则在重要均线位如20天和60天均线上再次买进，进行滚动建仓波段操作。如果出现第二种趋势，则在股价出现典型顶部特征时，必须果断减持剩余的40%仓位。这样的操作方式就是笔者所说的短线止赢法则。归纳起来，投资者的止赢法则具体如下：

一是短线投资止盈。

当持仓盈利达到5%以上时，如果股价盘中滞涨，则开始实施第一阶段止赢，减持仓位为30%；当持仓盈利达到10%以上时，如果股价盘中滞涨，则开始实施第二阶段止赢，继续减持30%仓位。当股价出现典型阶段顶部特征时全部出局。

二是中线投资止盈。

中线投资者当持仓盈利达到40%以上时，开始实施第一阶段止赢，减持仓位为50%；当持仓盈利达到60%以上时，开始实施第二阶段止赢，减持仓位为20%；当股价出现典型阶段顶部特征时全部出局。

三是中长线投资止盈。

中长线投资者当持仓盈利达到60%以上时，开始实施第一阶段止赢，减持仓位为30%；当持仓盈利达到80%以上时，开始实施第二阶段止赢，减持仓位为30%；当股价出现典型阶段顶部特征时全部出局。

四是长线投资止盈。

长线投资者当持仓盈利达到80%以上时，开始实施第一阶段止赢，减持仓位为50%；当持仓盈利达到100%以上时，开始实施第二阶段止赢，减持仓位为20%；当股价出现典型阶段顶部特征时全部出局。

经常有学员会问笔者，讨论是不是运用止赢法则之后会少赚了很多。

从表面上来看，我们好像是少赚了很多。

确实是这样！以长线投资而言，假设一只股票在一轮行情中上涨了100%，但在止赢法则的操作体系下，可能平均最多只赚到60%~80%左右。这种现象从单一个案来看，明显是没有大赚，有点划不来的感觉。但只要投资者在本书第一部分第一章的投资原则中领会投资的精髓，那么，他就会每年直至永远以这种盈利的状态持续下去。长此以往，止赢法则的威力就发挥出来了。于是，我们就会明白，止赢法则是保持持续盈利长久发展的坚实基础，也是保证盈利稳定化和最大化的有力手段。

2007年下半年，在国际投资界有一个非常耀眼的新闻，就是关于巴菲特抛售中石油这一案例。巴菲特卖出中石油后，该股后来还持续上涨了30%多。很多人不理解巴菲特的这种抛售行为，认为股神也有看走眼的时候。但在笔者看来，巴菲特并非不看好中石油，但作为投资的前提首先是保证盈利。巴菲特卖出中石油正是提前锁定盈利的重要举措。事实上，在巴菲特抛售中石油后不久，该股仅上涨了30%多就开始下跌。这说明，巴菲特的决定是英明伟大的！

笔者在2007年年底在深圳购书中心讲课时遇到这样一个案例，有位股民朋友在2007年上半年于20元价格区域投资买进601600中国铝业这只股票。当时建仓价格和位置非常好。但该股后来经历大幅上涨，最高一度涨至60.42元，其后开始出现单边下跌，一直跌到30元。可叹的是，该朋友居然没有在50元的平台上方抛出，以致白白损失了一大段利润。

不懂得投资的精髓，盲目以价值投资为指导思想，没有灵活运用长线投资的操盘策略，更不会明白止赢法则，就算把钞票放在你手中，那也是赚不到的！

每一次股市大涨，均会有许多这样的案例。大家看看自己周围，这样的例子俯拾皆是。

有鉴于此，笔者呼吁大家，无论你是做短线还是中长线投资，请一定要学会灵活运用止赢法则。只有这样，你才会永远立于不败之地，走向持续盈利的辉煌坦途！

第二节 短线止损法则

在自然界中有一个现象叫“壁虎断尾”。就是说壁虎在遇到紧急突发事件危及生命的状态下，会自动断掉自己的尾巴以吸引敌人的注意力，从而使自己安全逃脱。这样一来，“壁虎断尾”其实是一种典型的自救行为。

人类和动物不一样，但安全自救的措施基本相同。有一个典型的说法叫“壮士断腕”。以前运用在一个人被蛇咬伤手臂之后，为了防止蛇毒侵入全身，则果断砍断自己的手臂，这样虽然断及一臂，但至少可以保全生命。这和壁虎断尾的自救方式有异曲同工之妙。

和止赢法则不同，止损法则是让你以最少的亏损迅速出局，以避免更大的亏损出现！止赢法则，是在持续上涨的过程中实施运用；而止损法则，则是在行情发生突变技术形态走坏的情况下采取的保安措施。

止损法则的核心宗旨是：及时止损保全实力。

止损法则的核心原则是：看错不做错，小亏换大赢。

在投资管理体系的建立上，止损法则是配合投资原则管理体系而特别设立的。在不同的投资原则下，止损法则有不同的标准与应用，具体如下：

一是短线投资。

- 以技术上的最佳买点为起点值计算标准。
- 盈利目标值为5%～40%之间。
- 操作风险值为5%～10%之间，即股价跌破这一标准必须进行止损。
- 上升通道中的止损标准应放宽至10%，主力反复进行拉升，避免清洗出局。

● 下降通道中的止损标准严格控制在5%以内，还会反复下跌，应及时止损。

针对短线投资原则管理体系设立的止损法则，在运用上要完全以技术体系为要求进行操作，绝不可主观意识认为可以结合基本面来炒股，以改变短线投资原则。短线就是短线，绝不可变成中线！操作上一定要遵守纪律。

二是中线投资。

● 以技术上的最佳买点为起点值计算标准。

● 盈利目标值为20%～80%之间。

● 操作风险值为10%～15%之间，即股价跌破这一标准必须进行止损。

● 中线上升通道中的止损标准放宽至15%，还会反复进行拉升，避免清洗出局。

● 中期下降通道中的止损标准严格控制在10%以内，还会反复下跌，应及时止损。

针对中线投资原则管理体系设立的止损法则，在运用上要完全以技术体系为要求进行操作，绝不可心血来潮主观意识可以长线持有，以改变中线投资原则。中线就是中线，绝不可变成长线！中线做的是波段！在操作上一定要遵守纪律。

三是中长线投资。

● 以技术上的最佳建仓价格区域为起点值计算标准。

● 盈利目标值为50%～100%之间。

● 操作风险值为10%～20%之间，即股价跌破这一标准必须进行止损。

● 中长线上升通道中的止损标准放宽至20%，还会反复进行拉升，避免清洗出局。

● 中长期下降通道中的止损标准严格控制在10%以内，还会反复下跌，应及时止损。

针对中长线投资原则管理体系设立的止损法则，在运用上要完全以技术体系和基本面分析为要求进行操作，绝不可主观意识认为可以改变中长线投资原则。中长线就是中长线，绝不可变成短线！操作上一定要遵守纪律。

长线投资因为选股的要求不同与投资原则管理体系的标准不同，因此，在操作上没有风险控制要求，也没有止损的必要。但长线投资讲究的是建仓的价格区域。关于这一技术体系，笔者在前一节中已经有清晰的介绍。大家可以再去回顾下本部分止赢法则中的技术讲解。

当然，有很多股民朋友是在深度被套的情况下，才被迫做长线投资的。这种情况比较普遍。如2001年网络股泡沫破裂时，有许多人在2000点之上被套。后来几乎绝望了，结果6年之后的2006－2007年大牛市又解放了这些股民朋友们。这种现象不能称之为长线投资，只能说明是长线套牢！

第六章

短线技术实训

第一节　日线周期短线操盘

【道破短线天机】实战图谱 135

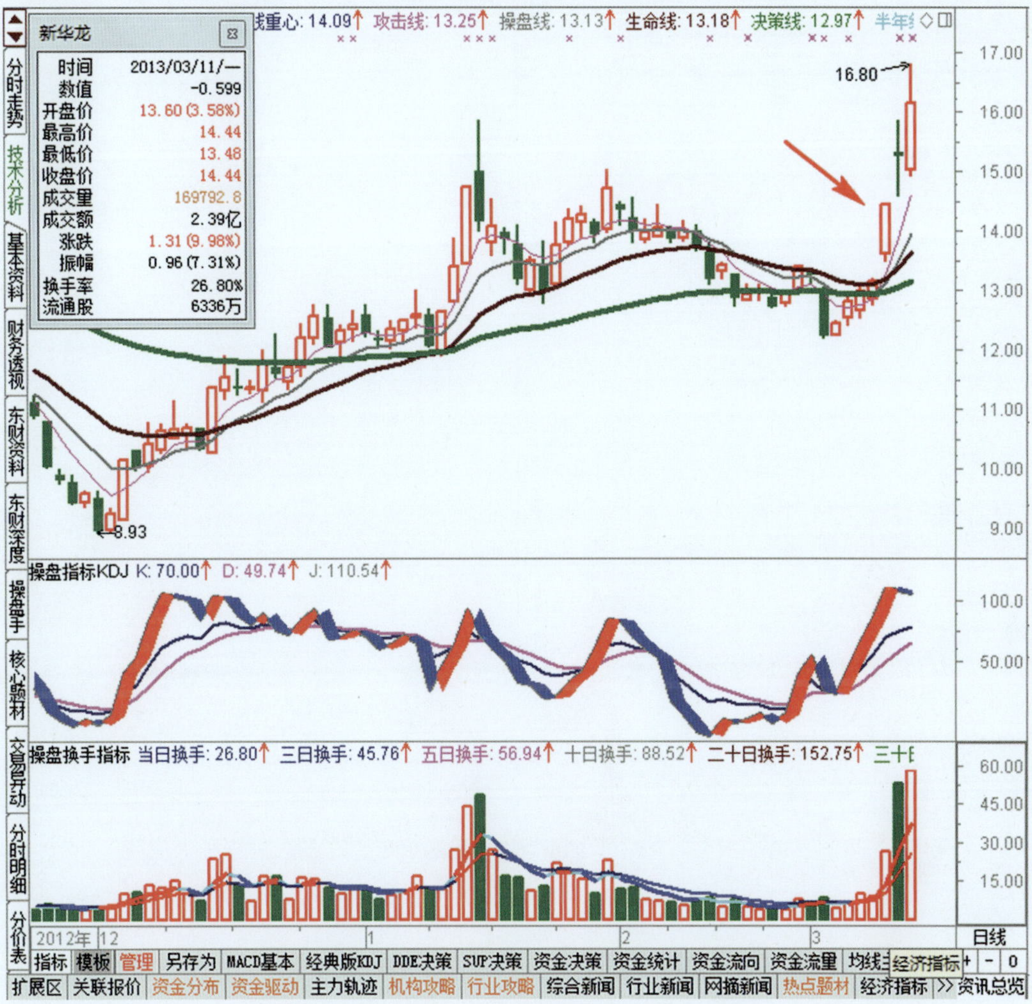

图例 135　新华龙（603399）日 K 线走势图谱

短线操盘策略分析：

（一）题材热点：辉钼材料概念，业绩预增概念。

（二）技术形态：回调挖坑，在 60 日均线上方获得支撑。

（三）最佳买点：股价站稳 60 日均线起涨，就可以大仓位进场。

（四）风险控制：底部区域风险控制放宽至 10% 止损。

（五）实战训练：参见实战图谱 136 所示，短线严格按照技术要领操作。

【道破短线天机】实战图谱 136

图例 136　新华龙（603399）即时图走势图谱

职业操盘手实训要点：

对照软件，认真观察实战图谱，把它们的走势特点写下来：

（1）空间位置：________________

（2）均线结构：________________

（3）量能结构：____

（4）形态特征：____

（5）操盘决策：____

【道破短线天机】实战图谱 137

图例 137 山东章鼓（002598）日 K 线走势图谱

短线操盘策略分析：

（一）题材热点：成功研发新产品概念，污水处理概念。

（二）技术形态：短期均线多头排列，带量突破 60 日均线。

（三）最佳买点：股价站稳 10 日均线，就可以大仓位进场。

（四）风险控制：底部区域风险控制放宽至 10% 止损。

（五）实战训练：参见实战图谱 138 所示，短线严格按照技术要领操作。

【道破短线天机】实战图谱 138

图例 138　山东章鼓（002598）即时图走势图谱

职业操盘手实训要点：

对照软件，认真观察实战图谱，把它们的走势特点写下来：

（1）空间位置：________________

（2）均线结构：________________

（3）量能结构：________________

（4）形态特征：________________

（5）操盘决策：____

【道破短线天机】实战图谱 139

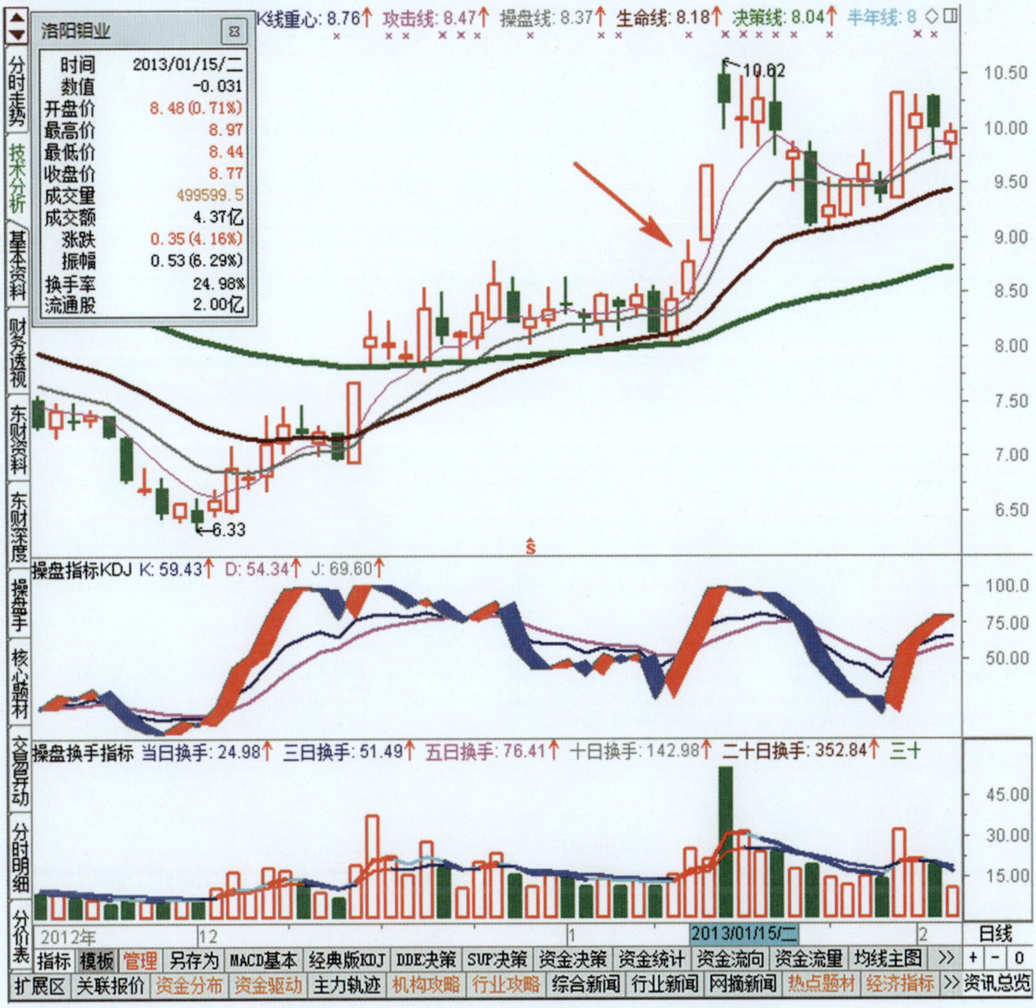

图例 139　洛阳钼业（603993）日 K 线走势图谱

短线操盘策略分析：

（一）题材热点：辉钼采矿概念，小金属涨价概念。

（二）技术形态：在 60 日均线上方构筑整理平台，带量突破。

（三）最佳买点：股价突破整理平台，就可以大仓位进场。

（四）风险控制：底部区域风险控制放宽至 10% 止损。

（五）实战训练：参见实战图谱 140 所示，短线严格按照技术要领操作。

【道破短线天机】实战图谱 140

图例 140 洛阳钼业（603993）即时图走势图谱

职业操盘手实训要点：

对照软件，认真观察实战图谱，把它们的走势特点写下来：

（1）空间位置：________________

（2）均线结构：________________

（3）量能结构：________________

（4）形态特征：________________

（5）操盘决策：________________

【道破短线天机】实战图谱 141

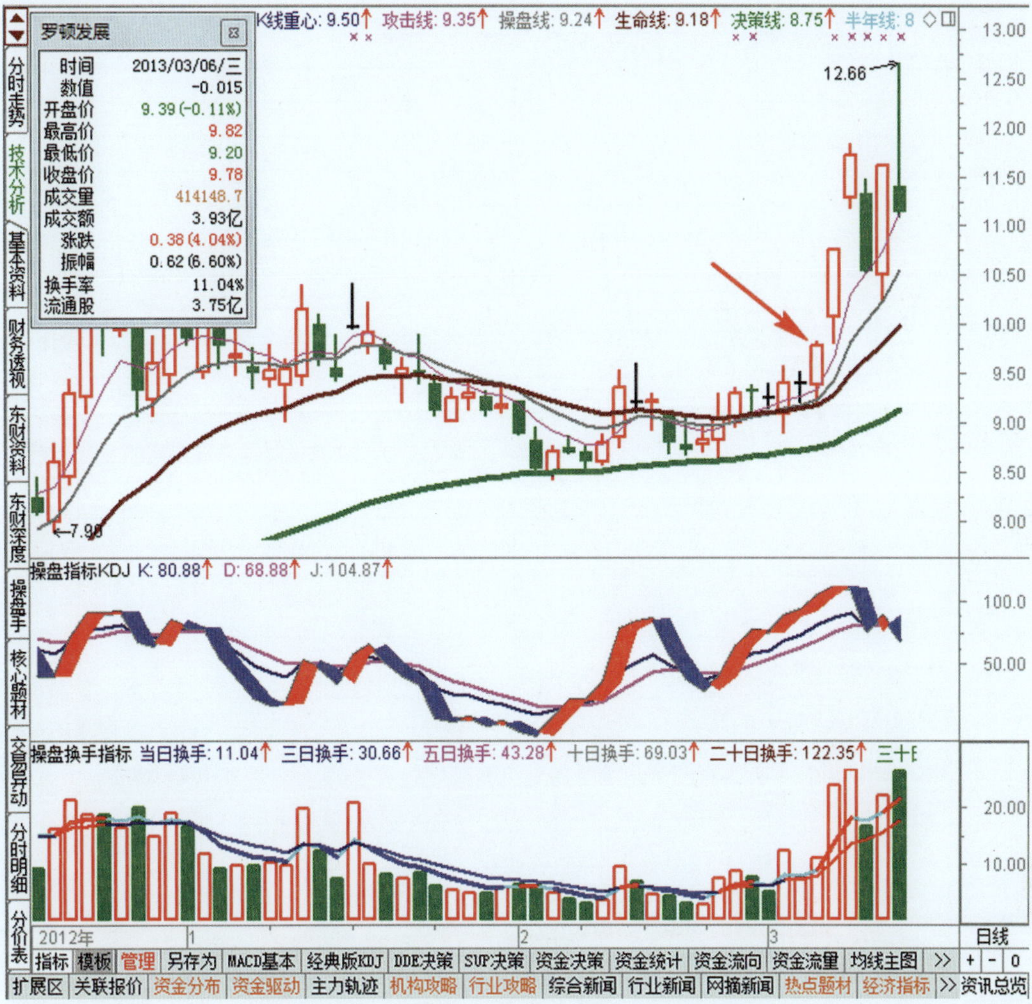

图例 141　罗顿发展（600209）日 K 线走势图谱

短线操盘策略分析：

（一）题材热点：海洋经济概念，土地存货增值概念。

（二）技术形态：股价在 60 日均线上方获得支撑，再度拉升。

（三）最佳买点：股价站稳 60 日均线，就可以大仓位进场。

（四）风险控制：底部区域风险控制放宽至 10% 止损。

（五）实战训练：参见实战图谱 142 所示，短线严格按照技术要领操作。

【道破短线天机】实战图谱 142

图例 142 罗顿发展（600209）即时图走势图谱

职业操盘手实训要点：

对照软件，认真观察实战图谱，把它们的走势特点写下来：

（1）空间位置：________________

（2）均线结构：________________

（3）量能结构：________________

（4）形态特征：________________

（5）操盘决策：________________

【道破短线天机】实战图谱 143

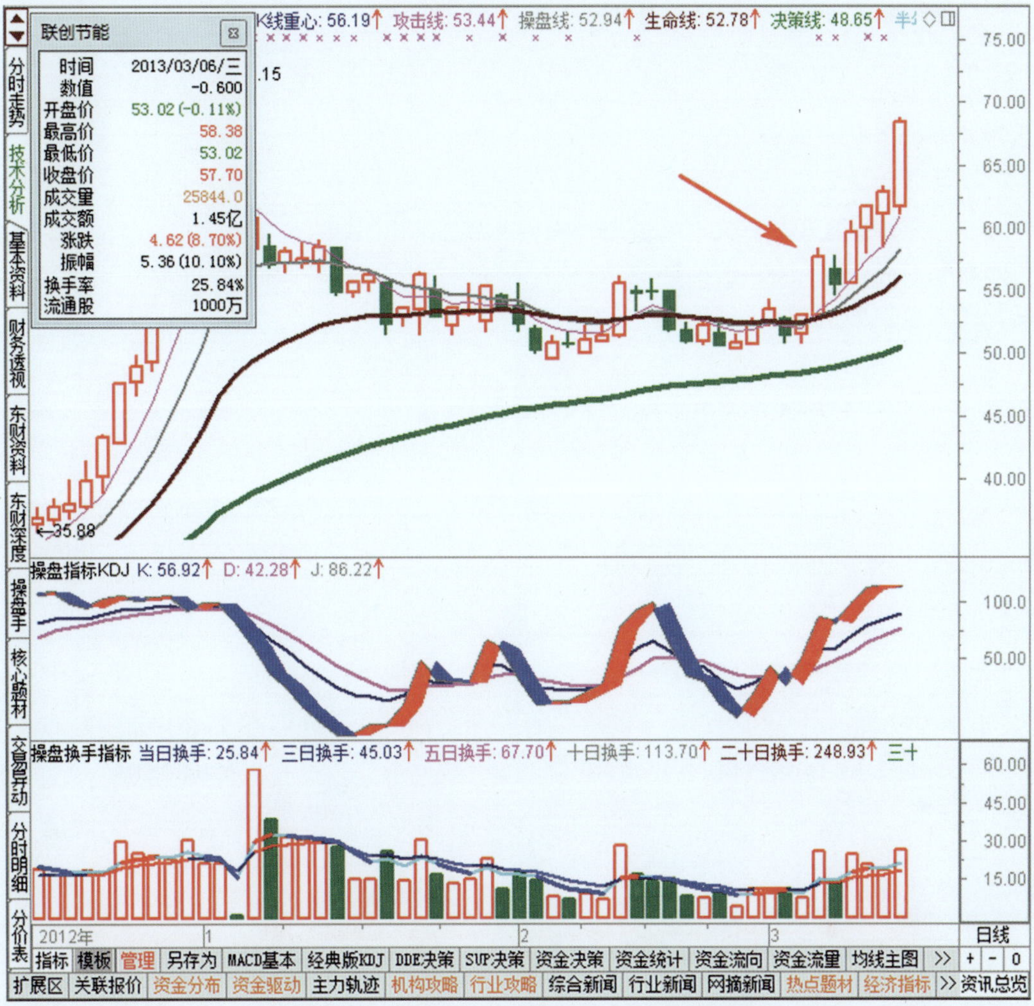

图例 143 联创节能（300343）日 K 线走势图谱

短线操盘策略分析：

（一）题材热点：绿色建材概念，业绩大幅度预增概念。

（二）技术形态：均线系统多头排列，在 20 日均线上方获得支撑。

（三）最佳买点：股价站稳 20 日均线，就可以大仓位进场。

（四）风险控制：底部区域风险控制放宽至 10% 止损。

（五）实战训练：参见实战图谱 144 所示，短线严格按照技术要领操作。

【道破短线天机】实战图谱 144

图例 144 联创节能（300343）即时图走势图谱

职业操盘手实训要点：

对照软件，认真观察实战图谱，把它们的走势特点写下来：

（1）空间位置：________________

（2）均线结构：________________

（3）量能结构：________________

（4）形态特征：________________

（5）操盘决策：________________

【道破短线天机】实战图谱 145

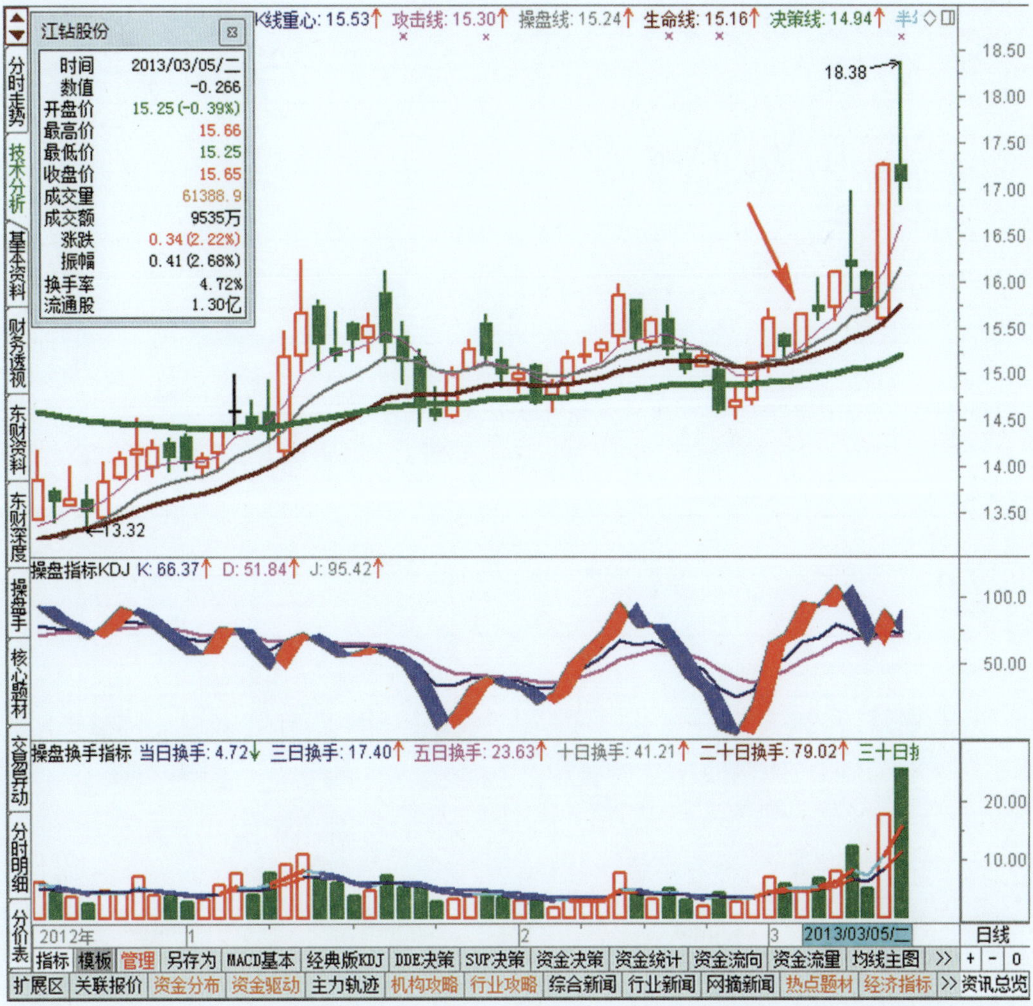

图例 145 江钻股份（000852）日 K 线走势图谱

短线操盘策略分析：

（一）题材热点：页岩气概念，可燃冰分离概念。

（二）技术形态：在 60 日均线上方箱型震荡，获得支撑。

（三）最佳买点：股价站稳 10 日均线，就可以大仓位进场。

（四）风险控制：底部区域风险控制放宽至 10% 止损。

（五）实战训练：参见实战图谱 146 所示，短线严格按照技术要领操作。

【道破短线天机】实战图谱 146

图例 146 江钻股份（000852）即时图走势图谱

职业操盘手实训要点：

对照软件，认真观察实战图谱，把它们的走势特点写下来：

（1）空间位置：______________________________

（2）均线结构：______________________________

（3）量能结构：______________________________

（4）形态特征：______________________________

（5）操盘决策：______________________________

【道破短线天机】实战图谱 147

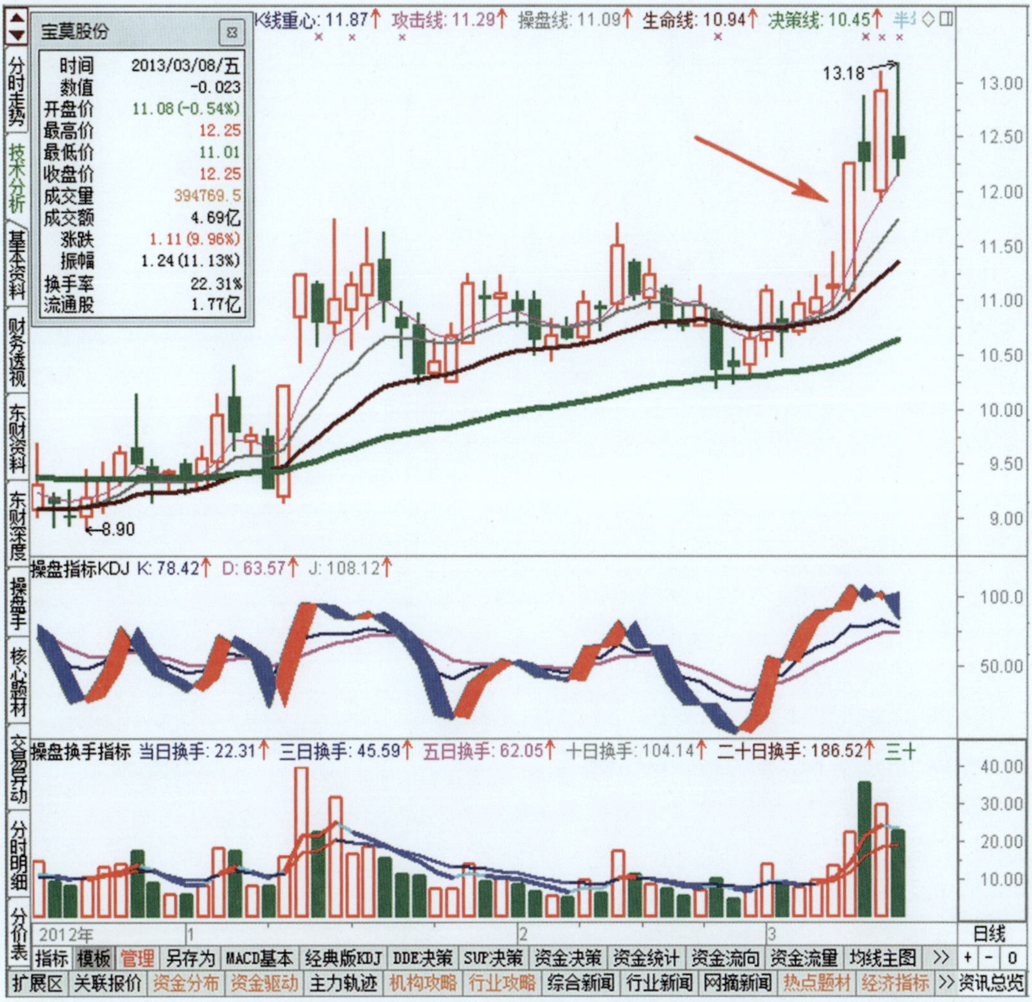

图例 147　宝莫股份（002476）日 K 线走势图谱

短线操盘策略分析：

（一）题材热点：页岩气概念，业绩预降概念。

（二）技术形态：在 60 日均线上方三角形整理即将结束。

（三）最佳买点：股价站稳 10 日均线，就可以大仓位进场。

（四）风险控制：底部区域风险控制放宽至 10% 止损。

（五）实战训练：参见实战图谱 148 所示，短线严格按照技术要领操作。

【道破短线天机】实战图谱 148

图例 148　宝莫股份（002476）即时图走势图谱

职业操盘手实训要点：

对照软件，认真观察实战图谱，把它们的走势特点写下来：

（1）空间位置：______________________________

（2）均线结构：______________________________

（3）量能结构：______________________________

（4）形态特征：______________________________

（5）操盘决策：______________________________

【道破短线天机】实战图谱 149

图例 149　海兰信（300065）日 K 线走势图谱

短线操盘策略分析：

（一）题材热点：海工装备概念，民用军工概念。

（二）技术形态：60 日均线上方再度起涨，进入新的拉升周期。

（三）最佳买点：股价站稳 60 日均线，就可以大仓位进场。

（四）风险控制：底部区域风险控制放宽至 10% 止损。

（五）实战训练：参见实战图谱 150 所示，短线严格按照技术要领操作。

【道破短线天机】实战图谱 150

图例 150 海兰信（300065）即时图走势图谱

职业操盘手实训要点：

对照软件，认真观察实战图谱，把它们的走势特点写下来：

（1）空间位置：________________

（2）均线结构：________________

（3）量能结构：________________

（4）形态特征：________________

（5）操盘决策：________________

第二节　60 分钟图短线操盘

【道破短线天机】实战图谱 151

图例 151　科士达（002518）60 分钟 K 线走势图谱

短线操盘策略分析：

（一）题材热点：太阳能概念，3D 打印概念。

（二）技术形态：均线系统稳步推进，构筑上升通道。

（三）最佳买点：股价站稳攻击线，就可以大仓位进场。

（四）风险控制：底部区域风险控制放宽至 10% 止损。

（五）实战训练：参见实战图谱 152 所示，短线严格按照技术要领操作。

【道破短线天机】实战图谱 152

图例 152 科士达（002518）即时图走势图谱

职业操盘手实训要点：

对照软件，认真观察实战图谱，把它们的走势特点写下来：

（1）空间位置：________________

（2）均线结构：________________

（3）量能结构：________________________________

（4）形态特征：________________________________

（5）操盘决策：________________________________

【道破短线天机】实战图谱 153

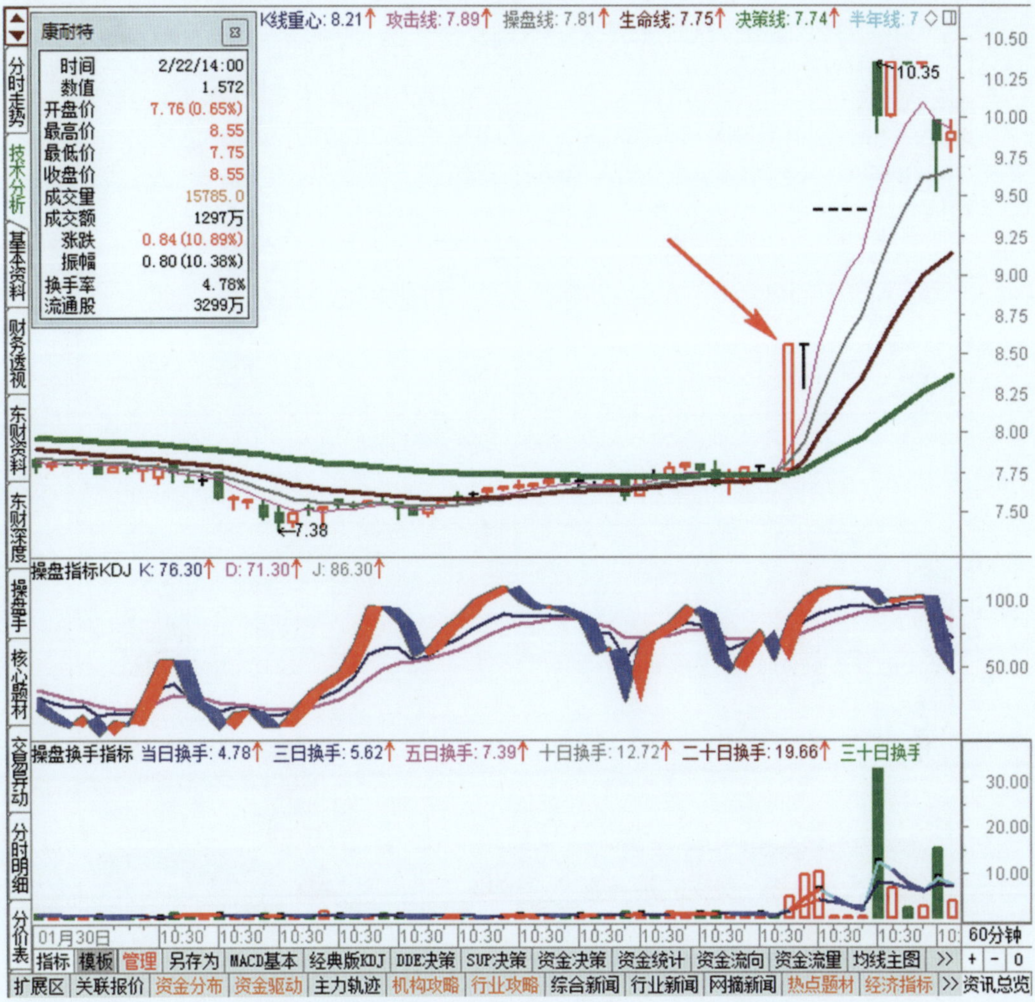

图例 153　康耐特（300061）60 分钟 K 线走势图谱

短线操盘策略分析：

（一）题材热点：3D 眼镜概念，谷歌智能眼镜概念。

（二）技术形态：均线系统低位粘合，放量突破。

（三）最佳买点：今天第三根 60 分钟 K 线开始，就可以大仓位进场。

（四）风险控制：底部区域风险控制放宽至 10% 止损。

（五）实战训练：参见实战图谱 142 所示，短线严格按照技术要领操作。

【道破短线天机】实战图谱 154

图例 154　康耐特（300061）即时图走势图谱

职业操盘手实训要点：

对照软件，认真观察实战图谱，把它们的走势特点写下来：

（1）空间位置：________________

（2）均线结构：________________

（3）量能结构：________________

（4）形态特征：________________

（5）操盘决策：________________________________

【道破短线天机】实战图谱 155

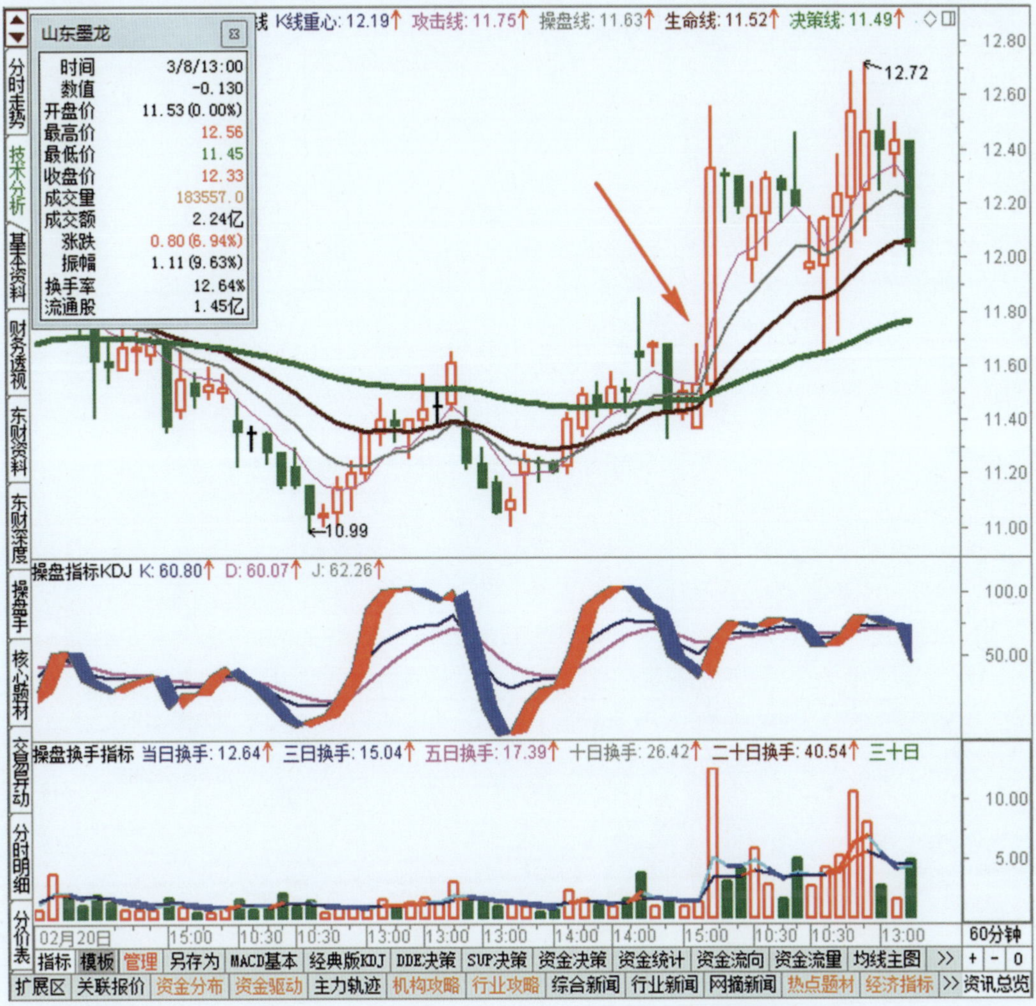

图例 155 山东墨龙（002490）60 分钟 K 线走势图谱

短线操盘策略分析：

（一）题材热点：页岩气概念，海工装备概念。

（二）技术形态：放量突破多条均线压制，多头趋势明显。

（三）最佳买点：股价成功突破均线压制，就可以大仓位进场。

（四）风险控制：底部区域风险控制放宽至 10% 止损。

（五）实战训练：参见实战图谱 156 所示，短线严格按照技术要领操作。

【道破短线天机】实战图谱 156

图例 156 山东墨龙（002490）即时图走势图谱

职业操盘手实训要点：

对照软件，认真观察实战图谱，把它们的走势特点写下来：

（1）空间位置：________________

（2）均线结构：________________

（3）量能结构：________________

（4）形态特征：________________

（5）操盘决策：________________

【道破短线天机】实战图谱 157

图例 157 翠微股份（603123）60 分钟 K 线走势图谱

短线操盘策略分析：

（一）题材热点：回购概念，大消费概念。

（二）技术形态：构筑小双底成功，并有效突破均线压制。

（三）最佳买点：股价芙蓉出水成功，就可以大仓位进场。

（四）风险控制：底部区域风险控制放宽至 10% 止损。

（五）实战训练：参见实战图谱 158 所示，短线严格按照技术要领操作。

【道破短线天机】实战图谱 158

图例 158　翠微股份（603123）即时图走势图谱

职业操盘手实训要点：

对照软件，认真观察实战图谱，把它们的走势特点写下来：

（1）空间位置：__________

（2）均线结构：__________

（3）量能结构：__________

（4）形态特征：__________

（5）操盘决策：__________

【道破短线天机】实战图谱 159

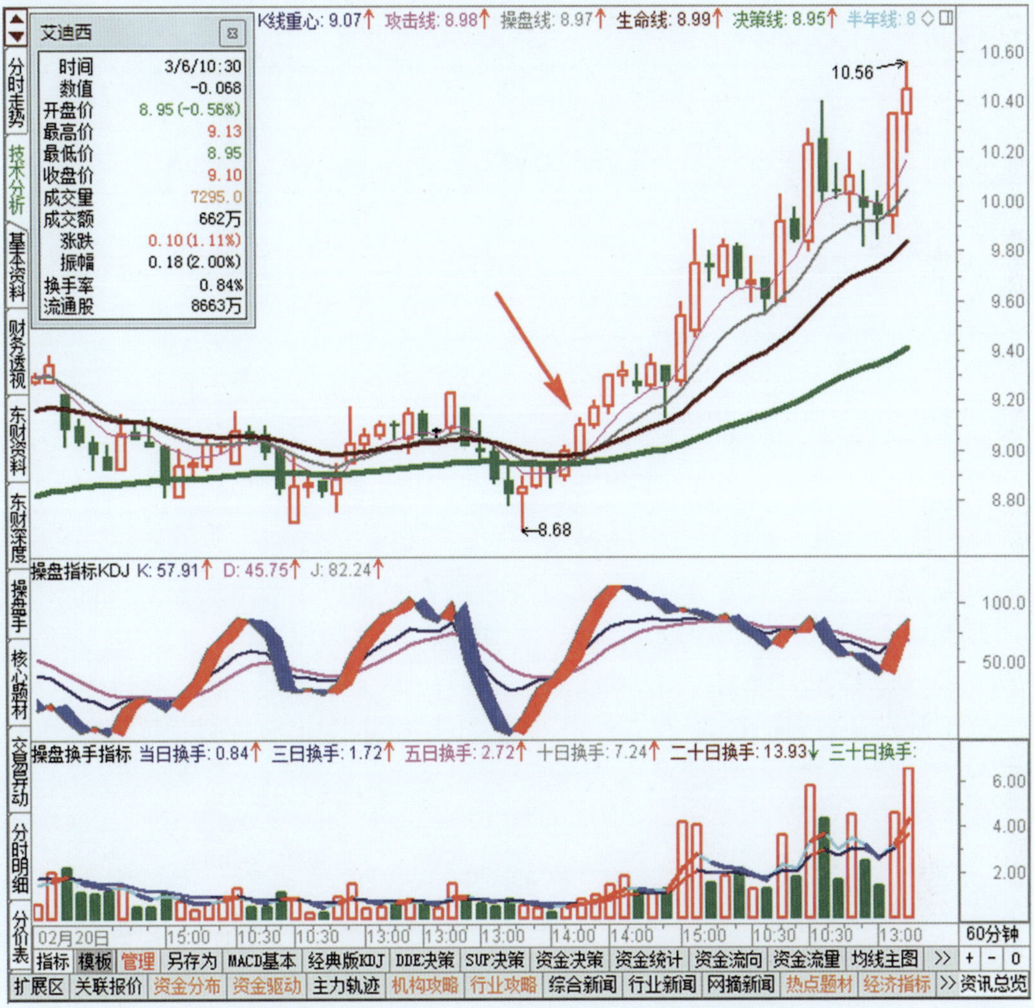

图例 159　艾迪西（002468）60 分钟 K 线走势图谱

短线操盘策略分析：

（一）题材热点：地热能概念，浙江海洋经济开发概念。

（二）技术形态：均线系统多头排列，出现起涨点。

（三）最佳买点：股价向上突破粘合的均线，就可以大仓位进场。

（四）风险控制：底部区域风险控制放宽至 10% 止损。

（五）实战训练：参见实战图谱 160 所示，短线严格按照技术要领操作。

【道破短线天机】实战图谱 160

图例 160 艾迪西（002468）即时图走势图谱

职业操盘手实训要点：

对照软件，认真观察实战图谱，把它们的走势特点写下来：

（1）空间位置：________

（2）均线结构：________

（3）量能结构：________

（4）形态特征：________

（5）操盘决策：________

【道破短线天机】实战图谱 161

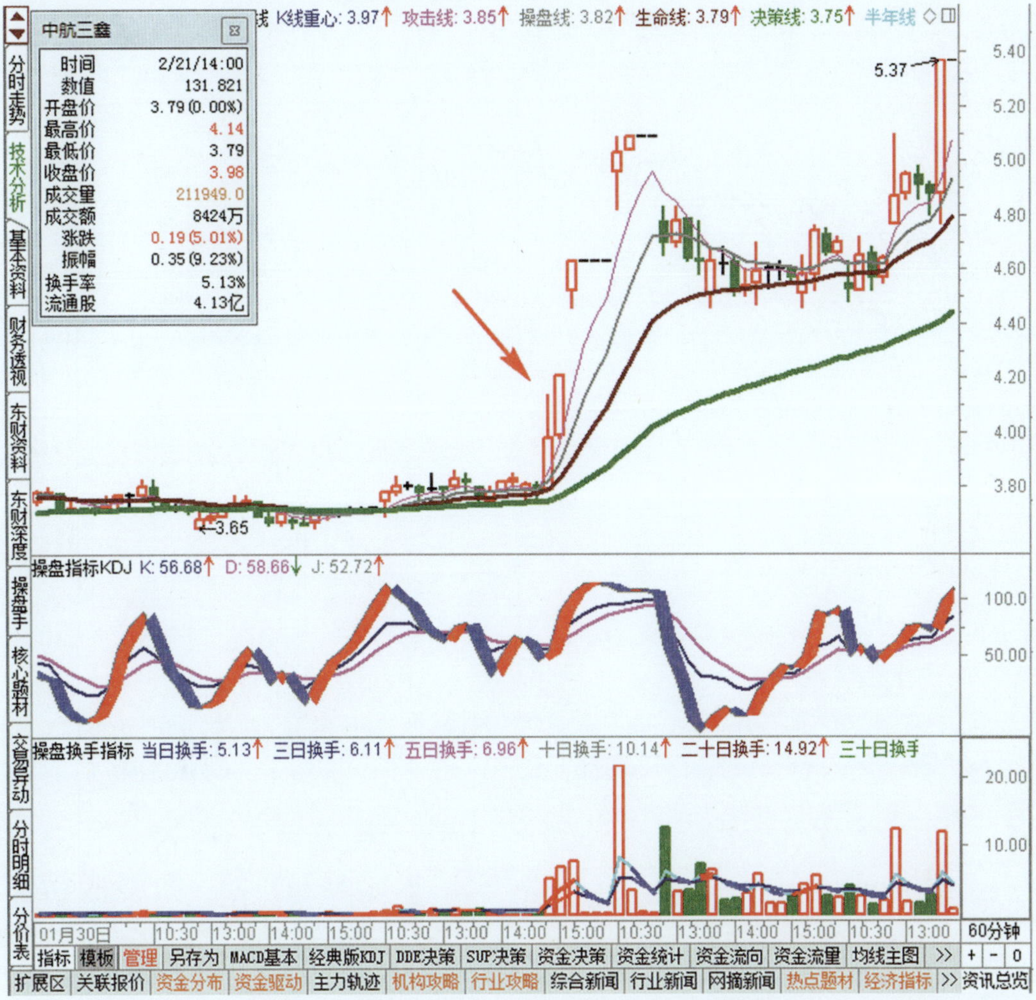

图例 161　中航三鑫（002163）60 分钟 K 线走势图谱

短线操盘策略分析：

（一）题材热点：石墨烯概念，重大订单概念。

（二）技术形态：均线系统低位粘合，放量突破均线压制。

（三）最佳买点：今日第三根 60 分钟 K 线放量，就可以大仓位进场。

（四）风险控制：底部区域风险控制放宽至 10% 止损。

（五）实战训练：参见实战图谱 162 所示，短线严格按照技术要领操作。

【道破短线天机】实战图谱 162

图例 162 中航三鑫（002163）即时图走势图谱

职业操盘手实训要点：

对照软件，认真观察实战图谱，把它们的走势特点写下来：

（1）空间位置：________________

（2）均线结构：________________

（3）量能结构：________________

（4）形态特征：________________

（5）操盘决策：________________

【道破短线天机】实战图谱 163

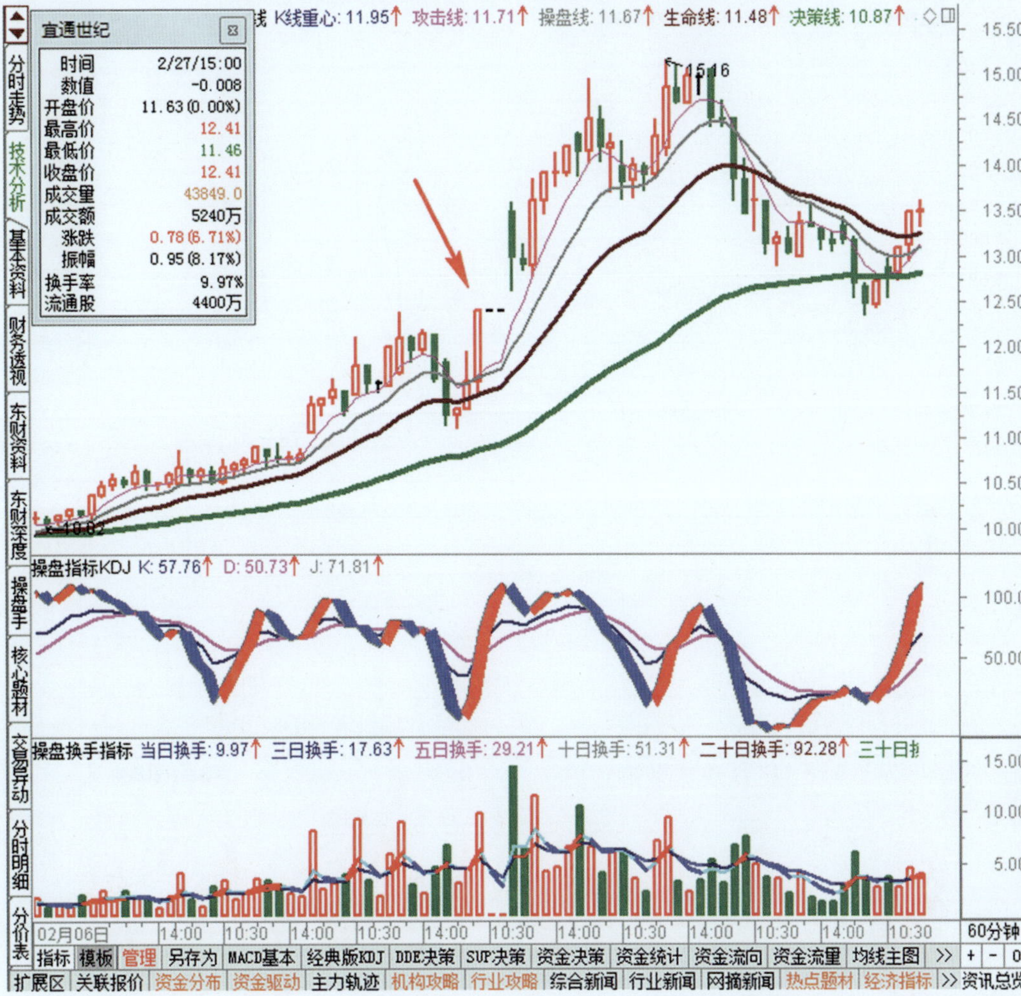

图例 163 宜通世纪（300310）60 分钟 K 线走势图谱

短线操盘策略分析：

（一）题材热点：无线工程概念，重大中标概念。

（二）技术形态：均线系统明显多头排列，上升通道不断延伸。

（三）最佳买点：股价站稳 60 分钟生命均线，就可以大仓位进场。

（四）风险控制：底部区域风险控制放宽至 10% 止损。

（五）实战训练：参见实战图谱 164 所示，短线严格按照技术要领操作。

【道破短线天机】实战图谱 164

图例 164　宜通世纪（300310）即时图走势图谱

职业操盘手实训要点：

对照软件，认真观察实战图谱，把它们的走势特点写下来：

（1）空间位置：________________

（2）均线结构：________________

（3）量能结构：________________

（4）形态特征：________________

（5）操盘决策：________________

【道破短线天机】实战图谱 165

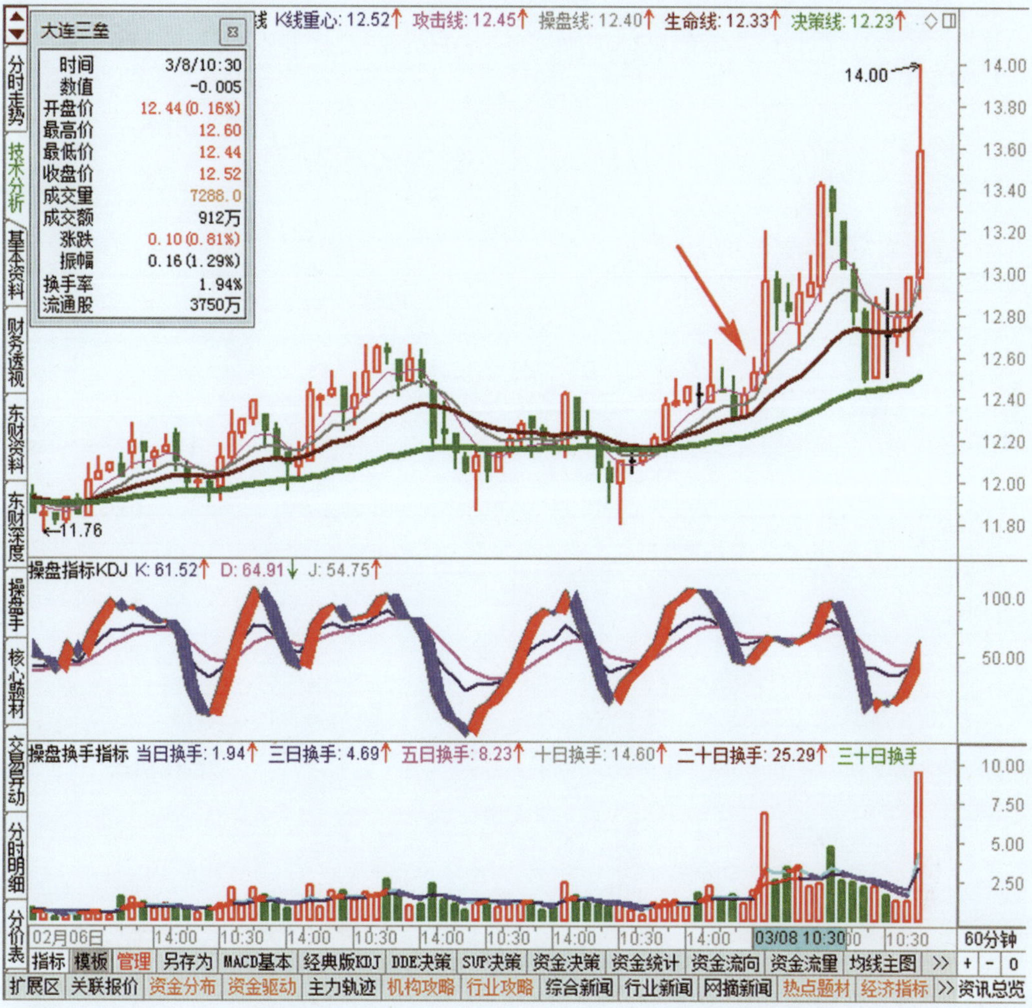

图例 165 大连三垒（002621）60 分钟 K 线走势图谱

短线操盘策略分析：

（一）题材热点：海外并购概念，业绩预增概念。

（二）技术形态：均线系统多头排列，上升通道明显。

（三）最佳买点：股价站稳 60 分钟操盘均线，就可以大仓位进场。

（四）风险控制：底部区域风险控制放宽至 10% 止损。

（五）实战训练：参见实战图谱 166 所示，短线严格按照技术要领操作。

【道破短线天机】实战图谱 166

图例 166 大连三垒（002621）即时图走势图谱

职业操盘手实训要点：

对照软件，认真观察实战图谱，把它们的走势特点写下来：

（1）空间位置：________________

（2）均线结构：________________

（3）量能结构：________________

（4）形态特征：________________

（5）操盘决策：________________

第三节　30 分钟图短线操盘

【道破短线天机】实战图谱 167

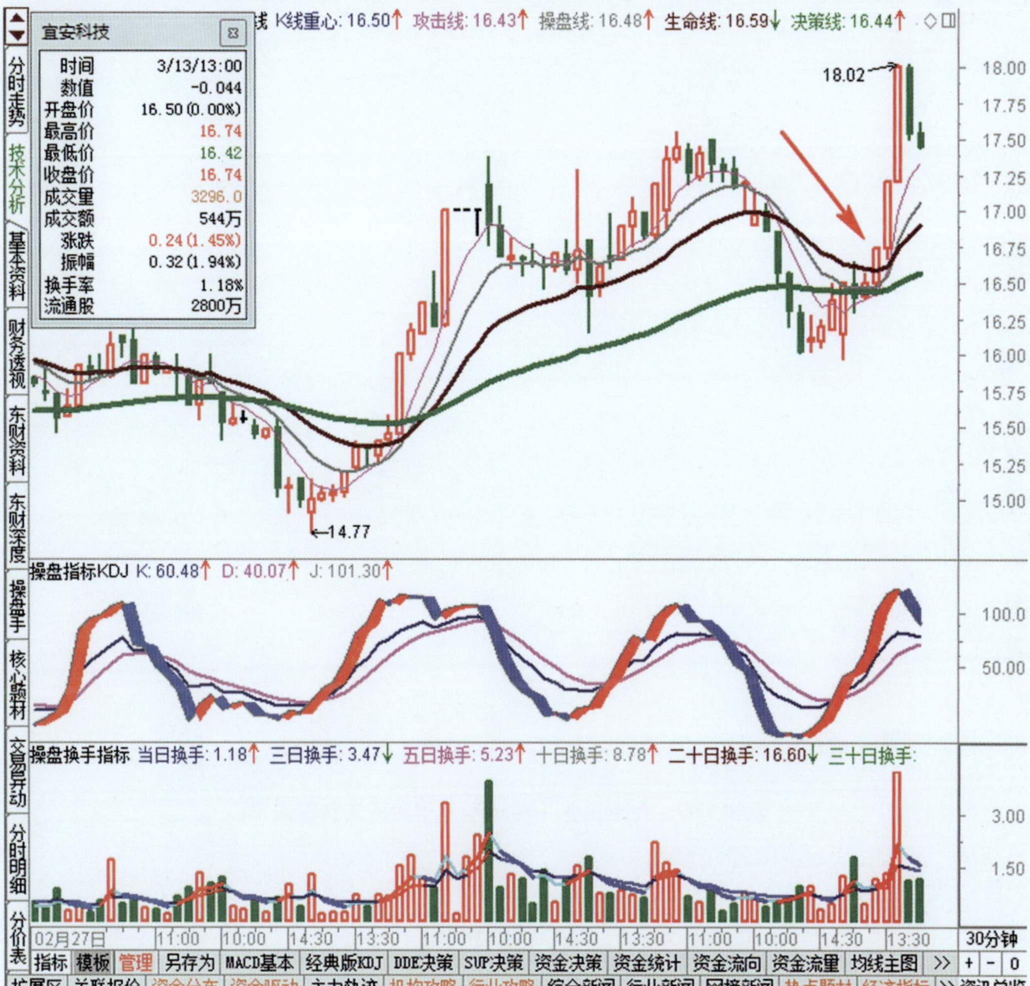

图例 167　宜安科技（300328）30 分钟 K 线走势图谱

短线操盘策略分析：

（一）题材热点：股权质押概念，业绩预增预减概念。

（二）技术形态：操盘指标 KDJ 回落到低位，股价再度站稳。

（三）最佳买点：今日下午开盘时放量攻击，就可以大仓位进场。

（四）风险控制：底部区域风险控制放宽至 10% 止损。

（五）实战训练：参见实战图谱 168 所示，短线严格按照技术要领操作。

【道破短线天机】实战图谱 168

图例 168 宜安科技（300328）即时图走势图谱

职业操盘手实训要点：

对照软件，认真观察实战图谱，把它们的走势特点写下来：

（1）空间位置：________________________________

（2）均线结构：________________________________

（3）量能结构：______________________________

（4）形态特征：______________________________

（5）操盘决策：______________________________

【道破短线天机】实战图谱 169

图例 169　中原特钢（002423）30 分钟 K 线走势图谱

短线操盘策略分析：

（一）题材热点：军工概念，核动力船舶概念。

（二）技术形态：30 分钟周期的均线系统呈现为多头排列。

（三）最佳买点：股价站稳 30 分钟生命均线，就可以大仓位进场。

（四）风险控制：底部区域风险控制放宽至 10% 止损。

（五）实战训练：参见实战图谱 170 所示，短线严格按照技术要领操作。

【道破短线天机】实战图谱 170

图例 170　中原特钢（002423）即时图走势图谱

职业操盘手实训要点：

对照软件，认真观察实战图谱，把它们的走势特点写下来：

（1）空间位置：________________

（2）均线结构：________________

（3）量能结构：________________

（4）形态特征：________________

（5）操盘决策：________________________________

【道破短线天机】实战图谱 171

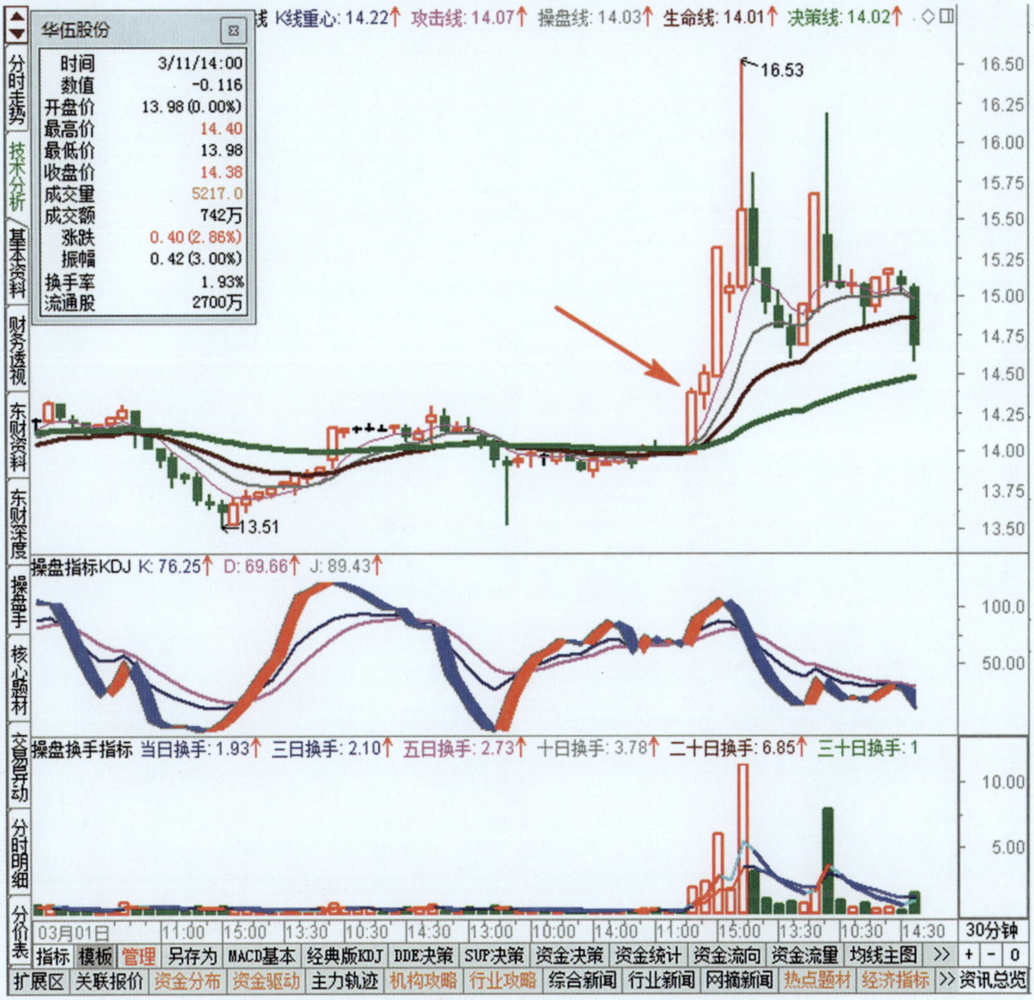

图例 171　华伍股份（300095）30 分钟 K 线走势图谱

短线操盘策略分析：

（一）题材热点：高送转概念，新能源概念。

（二）技术形态：均线系统低位粘合，放量攻击。

（三）最佳买点：股价放量向上攻击粘合均线，就可以大仓位进场。

（四）风险控制：底部区域风险控制放宽至 10% 止损。

（五）实战训练：参见实战图谱 172 所示，短线严格按照技术要领操作。

【道破短线天机】实战图谱 172

图例 172 华伍股份（300095）即时图走势图谱

职业操盘手实训要点：

对照软件，认真观察实战图谱，把它们的走势特点写下来：

（1）空间位置：________________

（2）均线结构：________________

（3）量能结构：________________

（4）形态特征：________________

（5）操盘决策：________________

【道破短线天机】实战图谱 173

图例 173　准油股份（002207）30 分钟 K 线走势图谱

短线操盘策略分析：

（一）题材热点：页岩气概念，可燃冰应用概念。

（二）技术形态：回调挖坑，股价成功构筑小坑底。

（三）最佳买点：股价站稳 30 分钟决策均线，就可以大仓位进场。

（四）风险控制：底部区域风险控制放宽至 10% 止损。

（五）实战训练：参见实战图谱 174 所示，短线严格按照技术要领操作。

【道破短线天机】实战图谱 174

图例 174 准油股份（002207）即时图走势图谱

职业操盘手实训要点：

对照软件，认真观察实战图谱，把它们的走势特点写下来：

（1）空间位置：__________

（2）均线结构：__________

（3）量能结构：__________

（4）形态特征：__________

（5）操盘决策：__________

【道破短线天机】实战图谱 175

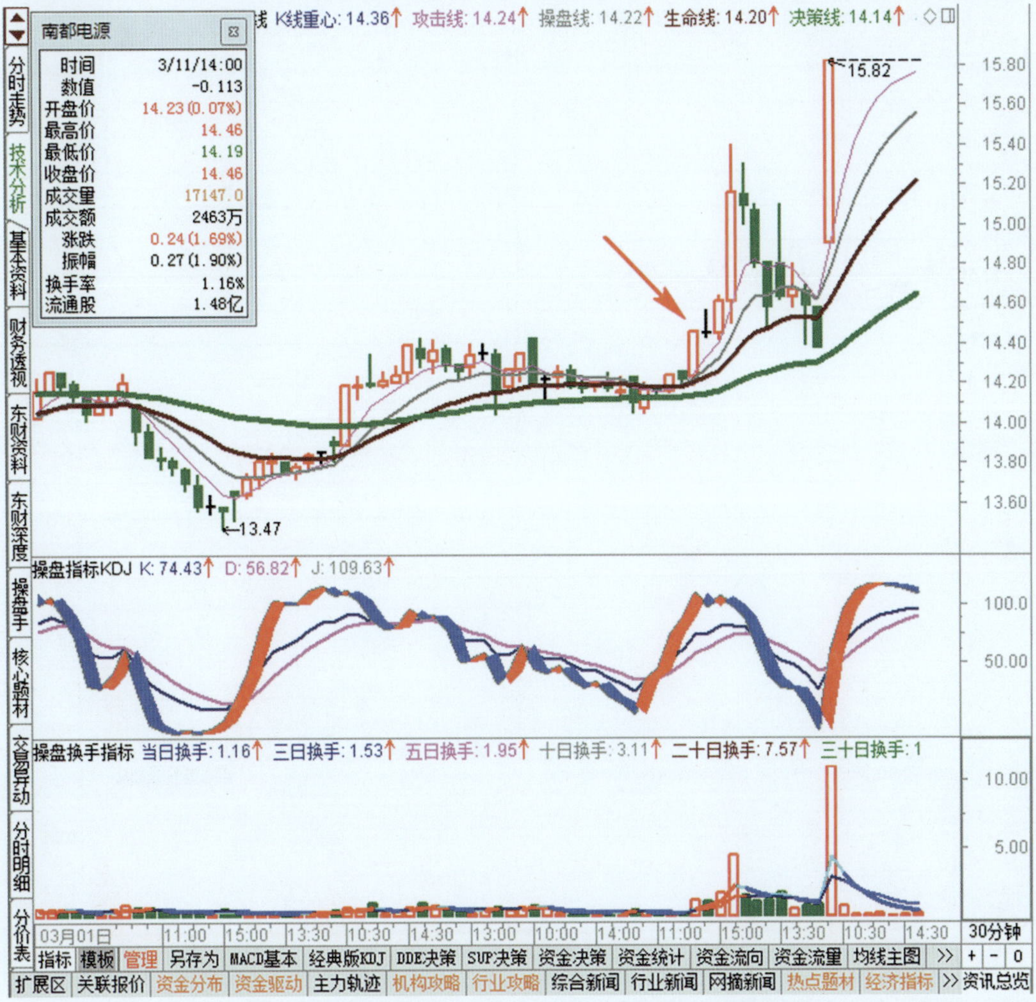

图例 175 南都电源（300068）30 分钟 K 线走势图谱

短线操盘策略分析：

（一）题材热点：高送转概念，石墨烯概念。

（二）技术形态：股价运行在多头均线之上。

（三）最佳买点：股价站稳 30 分钟决策均线，就可以大仓位进场。

（四）风险控制：底部区域风险控制放宽至 10% 止损。

（五）实战训练：参见实战图谱 176 所示，短线严格按照技术要领操作。

【道破短线天机】实战图谱 176

图例 176 南都电源（300068）即时图走势图谱

职业操盘手实训要点：

对照软件，认真观察实战图谱，把它们的走势特点写下来：

（1）空间位置：________________

（2）均线结构：________________

（3）量能结构：________________

（4）形态特征：________________

（5）操盘决策：________________

【道破短线天机】实战图谱 177

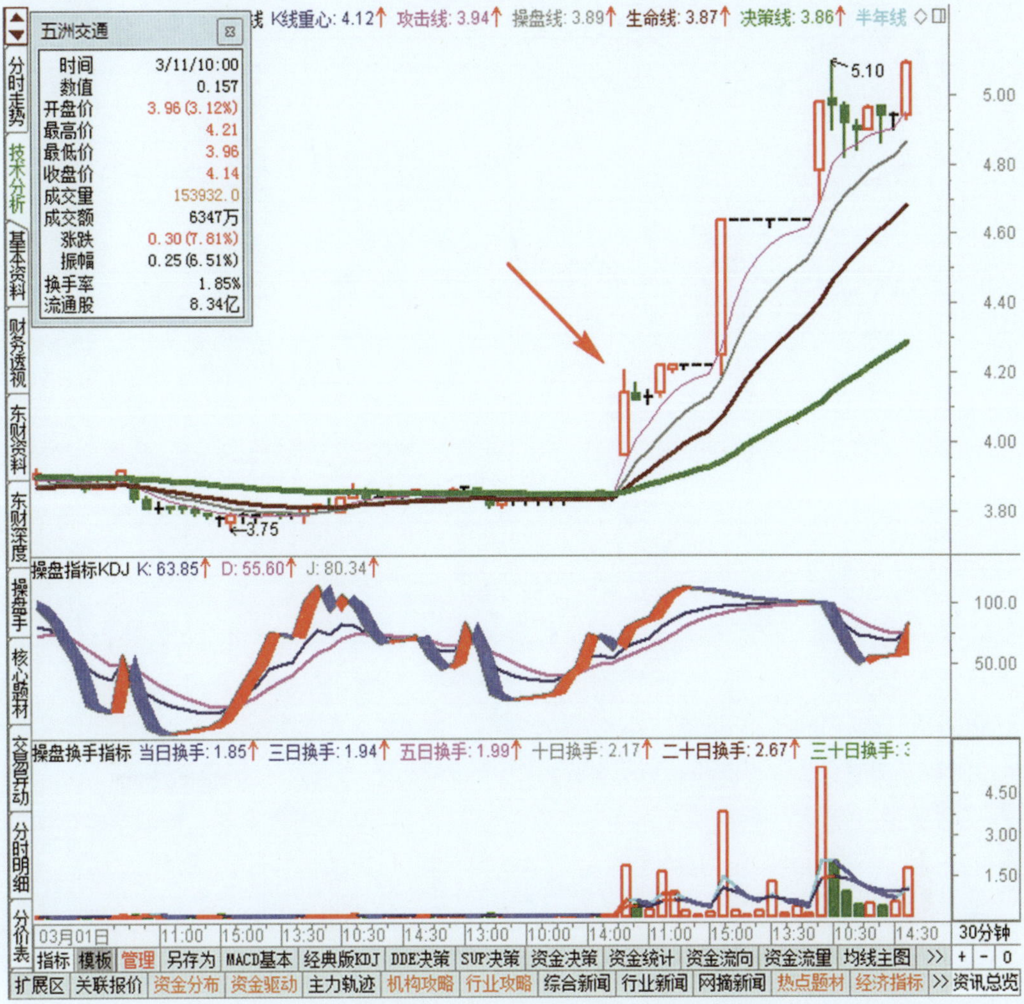

图例 177 五洲交通（600368）30 分钟 K 线走势图谱

短线操盘策略分析：

（一）题材热点：涉矿概念，业绩预增概念。

（二）技术形态：均线系统在低位粘合，放量上攻。

（三）最佳买点：股价放量突破，就可以大仓位进场。

（四）风险控制：底部区域风险控制放宽至 10% 止损。

（五）实战训练：参见实战图谱 178 所示，短线严格按照技术要领操作。

【道破短线天机】实战图谱 178

图例 178 五洲交通（600368）即时图走势图谱

职业操盘手实训要点：

对照软件，认真观察实战图谱，把它们的走势特点写下来：

（1）空间位置：________________

（2）均线结构：________________

（3）量能结构：________________

（4）形态特征：________________

（5）操盘决策：________________

【道破短线天机】实战图谱 179

图例 179　经纬电材（300120）30 分钟 K 线走势图谱

短线操盘策略分析：

（一）题材热点：特高压概念，业绩预增概念。

（二）技术形态：回调挖坑，在 60 日均线上方获得支撑。

（三）最佳买点：股价站稳 30 分钟决策均线，就可以大仓位进场。

（四）风险控制：底部区域风险控制放宽至 10% 止损。

（五）实战训练：参见实战图谱 180 所示，短线严格按照技术要领操作。

【道破短线天机】实战图谱 180

图例 180 经纬电材（300120）即时图走势图谱

职业操盘手实训要点：

对照软件，认真观察实战图谱，把它们的走势特点写下来：

（1）空间位置：________________

（2）均线结构：________________

（3）量能结构：________________

（4）形态特征：________________

（5）操盘决策：________________

【道破短线天机】实战图谱 181

图例 181 海默科技（300084）30 分钟 K 线走势图谱

短线操盘策略分析：

（一）题材热点：页岩气概念，业绩预增概念。

（二）技术形态：回调挖坑，在 60 日均线上方获得支撑。

（三）最佳买点：股价站稳 30 分钟决策均线，就可以大仓位进场。

（四）风险控制：底部区域风险控制放宽至 10% 止损。

（五）实战训练：参见实战图谱 182 所示，短线严格按照技术要领操作。

【道破短线天机】实战图谱 182

图例 182 海默科技（300084）即时图走势图谱

职业操盘手实训要点：

对照软件，认真观察实战图谱，把它们的走势特点写下来：

（1）空间位置：________________

（2）均线结构：________________

（3）量能结构：________________

（4）形态特征：________________

（5）操盘决策：________________

【道破短线天机】实战图谱 183

图例 183 哈高科（600095）30 分钟 K 线走势图谱

短线操盘策略分析：

（一）题材热点：建筑防水概念，参股银行概念。

（二）技术形态：均线系统形成明显的多头排列趋势。

（三）最佳买点：股价站稳 30 分钟操盘均线，就可以大仓位进场。

（四）风险控制：底部区域风险控制放宽至 10% 止损。

（五）实战训练：参见实战图谱 184 所示，短线严格按照技术要领操作。

【道破短线天机】实战图谱 184

图例 184 哈高科（600095）即时图走势图谱

职业操盘手实训要点：

对照软件，认真观察实战图谱，把它们的走势特点写下来：

（1）空间位置：________________

（2）均线结构：________________

（3）量能结构：________________

（4）形态特征：________________

（5）操盘决策：________________

第四节　15 分钟图短线操盘

【道破短线天机】实战图谱 185

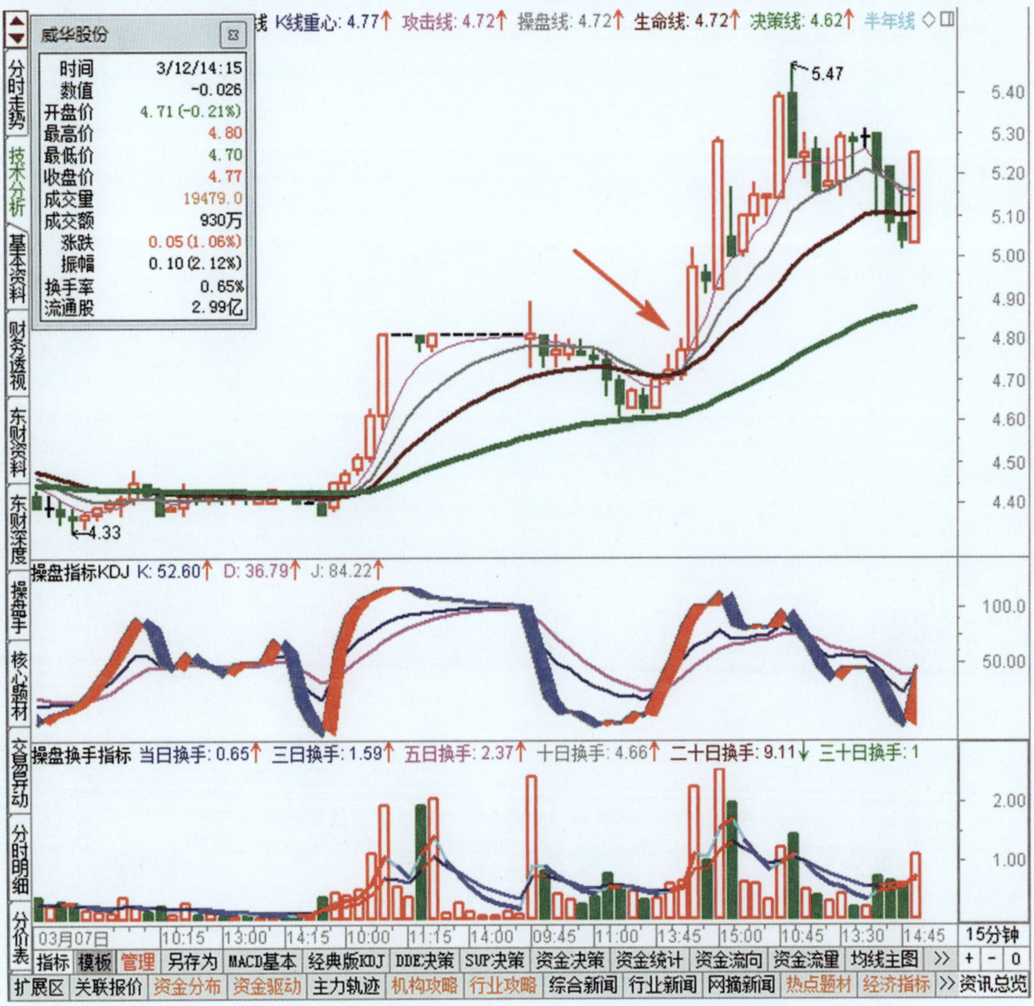

图例 185　威华股份（002240）15 分钟 K 线走势图谱

短线操盘策略分析：

（一）题材热点：大消费概念，家具以旧换新概念。

（二）技术形态：回调挖坑，在 60 日均线上方获得支撑。

（三）最佳买点：股价站稳 15 分钟决策均线，就可以大仓位进场。

（四）风险控制：底部区域风险控制放宽至 10% 止损。

（五）实战训练：参见实战图谱 186 所示，短线严格按照技术要领操作。

【道破短线天机】实战图谱 186

图例 186 威华股份（002240）即时图走势图谱

职业操盘手实训要点：

对照软件，认真观察实战图谱，把它们的走势特点写下来：

（1）空间位置：______________________________

（2）均线结构：______________________________

（3）量能结构：______________________________

（4）形态特征：______________________________

（5）操盘决策：______________________________

【道破短线天机】实战图谱 187

图例 187 拓尔思（300229）15 分钟 K 线走势图谱

短线操盘策略分析：

（一）题材热点：社交网络概念，军工概念。

（二）技术形态：回调挖坑，在 60 日均线上方获得支撑。

（三）最佳买点：股价站稳 15 分钟决策均线，就可以大仓位进场。

（四）风险控制：底部区域风险控制放宽至 10% 止损。

（五）实战训练：参见实战图谱 188 所示，短线严格按照技术要领操作。

【道破短线天机】实战图谱 188

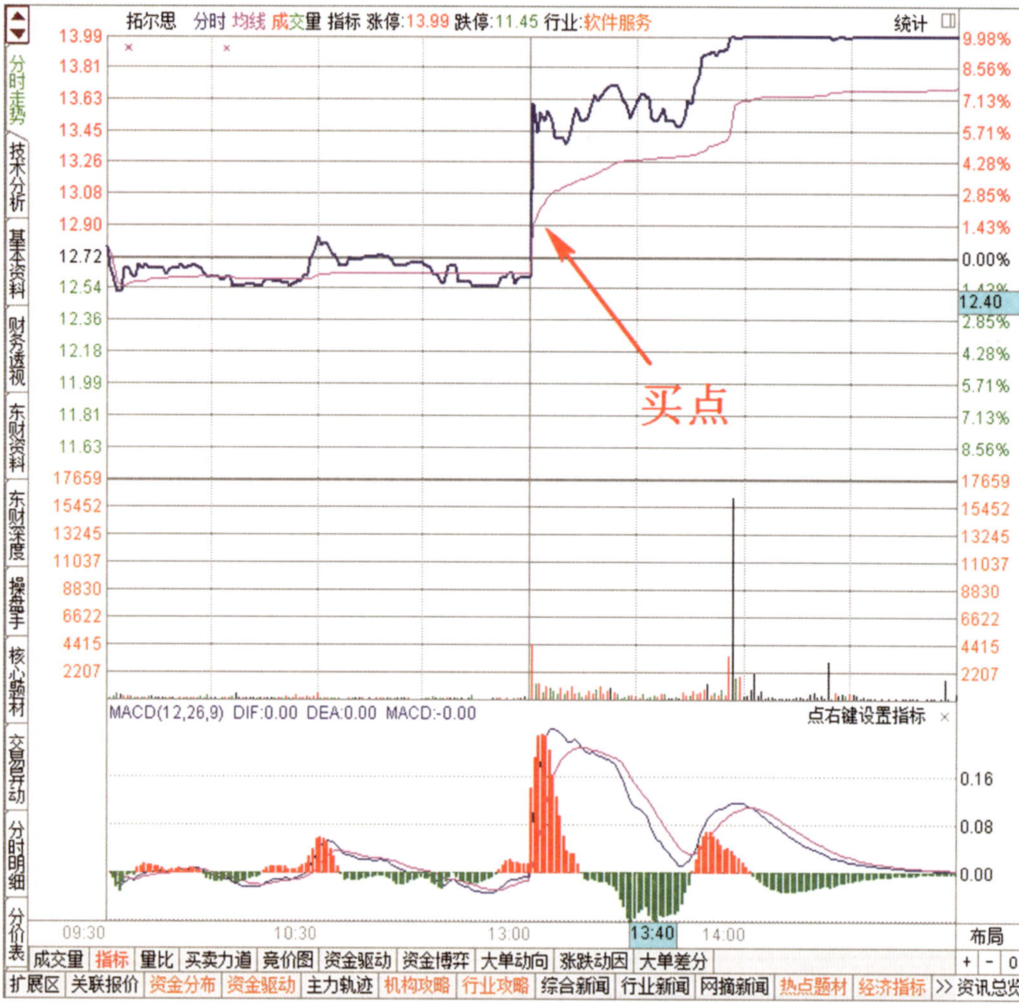

图例 188 拓尔思（300229）即时图走势图谱

职业操盘手实训要点：

对照软件，认真观察实战图谱，把它们的走势特点写下来：

（1）空间位置：________

（2）均线结构：________

（3）量能结构：________

（4）形态特征：________

（5）操盘决策：________

【道破短线天机】实战图谱 189

图例 189 新亚制程（002388）15 分钟 K 线走势图谱

短线操盘策略分析：

（一）题材热点：富士康中国概念，业绩预增概念。

（二）技术形态：回调挖坑，在 60 日均线上方获得支撑。

（三）最佳买点：股价站稳 15 分钟决策均线，就可以大仓位进场。

（四）风险控制：底部区域风险控制放宽至 10% 止损。

（五）实战训练：参见实战图谱 190 所示，短线严格按照技术要领操作。

【道破短线天机】实战图谱 190

图例 190 新亚制程（002388）即时图走势图谱

职业操盘手实训要点：

对照软件，认真观察实战图谱，把它们的走势特点写下来：

（1）空间位置：________________

（2）均线结构：________________

（3）量能结构：________________

（4）形态特征：________________

（5）操盘决策：________________

【道破短线天机】实战图谱 191

图例 191　中核钛白（002145）15 分钟 K 线走势图谱

短线操盘策略分析：

（一）题材热点：美丽钛白粉概念，重组概念。

（二）技术形态：股价在 60 日均线上方获得支撑。

（三）最佳买点：股价站稳 15 分钟决策均线，就可以大仓位进场。

（四）风险控制：底部区域风险控制放宽至 10% 止损。

（五）实战训练：参见实战图谱 192 所示，短线严格按照技术要领操作。

【道破短线天机】实战图谱 192

图例 192　中核钛白（002145）即时图走势图谱

职业操盘手实训要点：

对照软件，认真观察实战图谱，把它们的走势特点写下来：

（1）空间位置：________________

（2）均线结构：________________

（3）量能结构：________________

（4）形态特征：________________

（5）操盘决策：________________

【道破短线天机】实战图谱 193

图例 193　三丰智能（300276）15 分钟 K 线走势图谱

短线操盘策略分析：

（一）题材热点：机器人概念，智慧城市概念。

（二）技术形态：股价在 60 日均线上方获得支撑。

（三）最佳买点：股价站稳 15 分钟决策均线，就可以大仓位进场。

（四）风险控制：底部区域风险控制放宽至 10% 止损。

（五）实战训练：参见实战图谱 194 所示，短线严格按照技术要领操作。

【道破短线天机】实战图谱 194

图例 194 三丰智能（300276）即时图走势图谱

职业操盘手实训要点：

对照软件，认真观察实战图谱，把它们的走势特点写下来：

（1）空间位置：________

（2）均线结构：________

（3）量能结构：________

（4）形态特征：________

（5）操盘决策：________

【道破短线天机】实战图谱 195

图例 195　美罗药业（600297）15 分钟 K 线走势图谱

短线操盘策略分析：

（一）题材热点：糖尿病概念，抗震概念。

（二）技术形态：回调挖坑，在 60 日均线上方获得支撑。

（三）最佳买点：股价站稳 15 分钟决策均线，就可以大仓位进场。

（四）风险控制：底部区域风险控制放宽至 10% 止损。

（五）实战训练：参见实战图谱 196 所示，短线严格按照技术要领操作。

【道破短线天机】实战图谱 196

图例 196　美罗药业（600297）即时图走势图谱

职业操盘手实训要点：

对照软件，认真观察实战图谱，把它们的走势特点写下来：

（1）空间位置：__________

（2）均线结构：__________

（3）量能结构：__________

（4）形态特征：__________

（5）操盘决策：__________

【道破短线天机】实战图谱 197

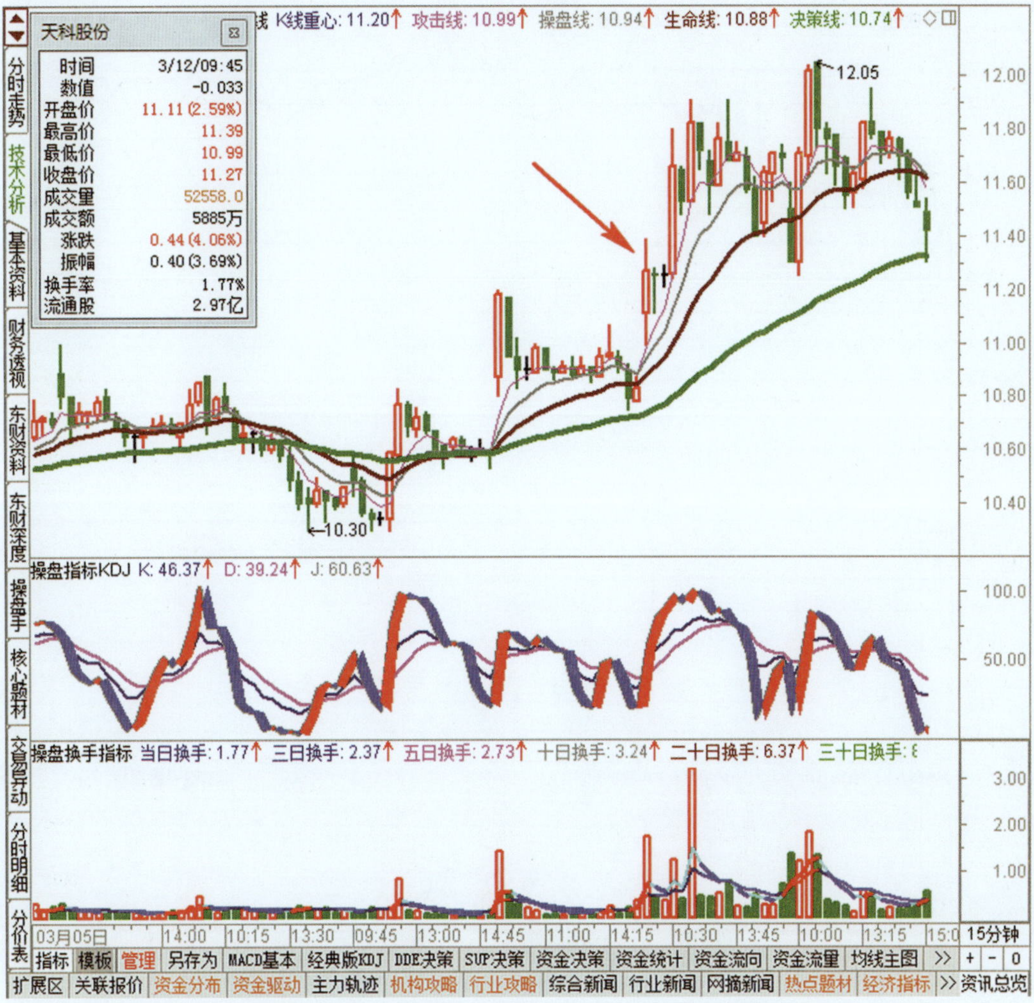

图例 197 天科股份（600378）15 分钟 K 线走势图谱

短线操盘策略分析：

（一）题材热点：煤气层概念，可燃冰应用概念。

（二）技术形态：股价在 60 日均线上方获得支撑。

（三）最佳买点：股价站稳 15 分钟决策均线，就可以大仓位进场。

（四）风险控制：底部区域风险控制放宽至 10% 止损。

（五）实战训练：参见实战图谱 198 所示，短线严格按照技术要领操作。

【道破短线天机】实战图谱 198

图例 198 天科股份（600378）即时图走势图谱

职业操盘手实训要点：

对照软件，认真观察实战图谱，把它们的走势特点写下来：

（1）空间位置：________________

（2）均线结构：________________

（3）量能结构：________________

（4）形态特征：________________

（5）操盘决策：________________

【道破短线天机】实战图谱 199

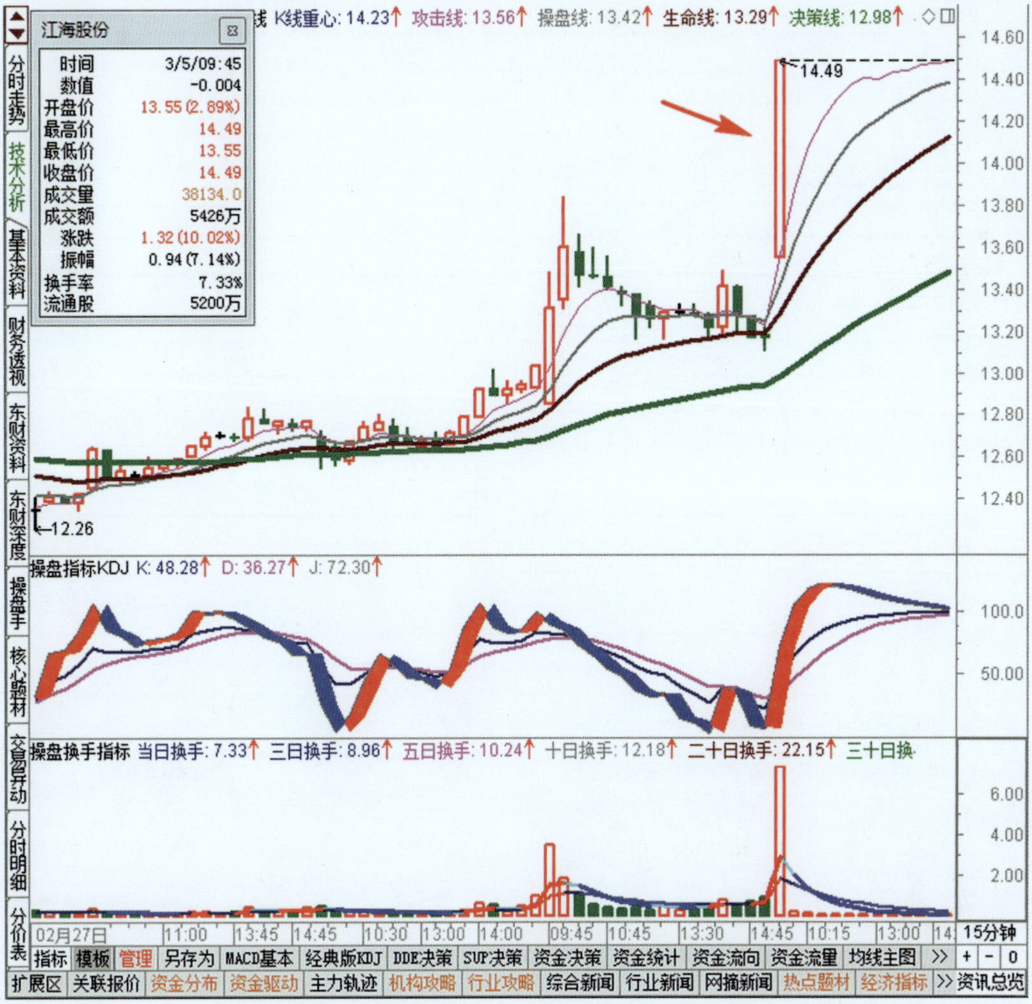

图例 199　江海股份（002484）15 分钟 K 线走势图谱

短线操盘策略分析：

（一）题材热点：超级电容器概念，抗震概念。

（二）技术形态：股价在 60 日均线上方获得支撑。

（三）最佳买点：股价站稳 15 分钟决策均线，就可以大仓位进场。

（四）风险控制：底部区域风险控制放宽至 10% 止损。

（五）实战训练：参见实战图谱 200 所示，短线严格按照技术要领操作。

【道破短线天机】实战图谱 200

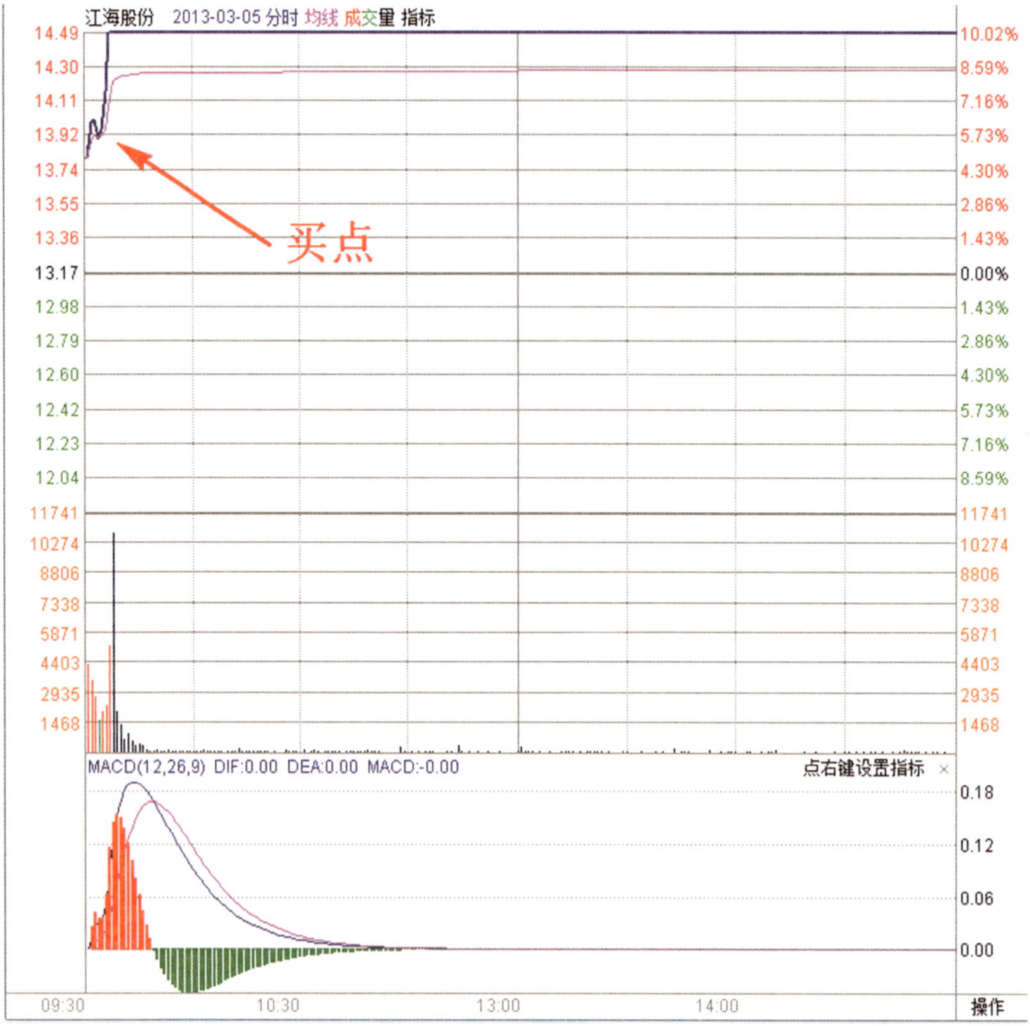

图例 200 江海股份（002484）即时图走势图谱

职业操盘手实训要点：

对照软件，认真观察实战图谱，把它们的走势特点写下来：

（1）空间位置：________________

（2）均线结构：________________

（3）量能结构：________________

（4）形态特征：________________

（5）操盘决策：________________

【道破短线天机】实战图谱 201

图例 201 汉缆股份（002498）15 分钟 K 线走势图谱

短线操盘策略分析：

（一）题材热点：超导概念，超级大订单概念。

（二）技术形态：股价在 60 日均线上方获得支撑。

（三）最佳买点：股价站稳 15 分钟决策均线，就可以大仓位进场。

（四）风险控制：底部区域风险控制放宽至 10% 止损。

（五）实战训练：参见实战图谱 202 所示，短线严格按照技术要领操作。

【道破短线天机】实战图谱 202

图例 202 汉缆股份（002498）即时图走势图谱

职业操盘手实训要点：

对照软件，认真观察实战图谱，把它们的走势特点写下来：

（1）空间位置：________________

（2）均线结构：________________

（3）量能结构：________________

（4）形态特征：________________

（5）操盘决策：________________

《道破短线天机》彩图版后记

写到这里，本书就算结束了。意犹未尽，接着谈谈短线庄的操作问题。为什么会有这个问题出现呢？这是因为这个市场有点小钱的同志实在太多了，没办法，大家都想混碗饭吃，但又不想承担太大的风险，故而诞生出短线庄这个名词的族群。

其实，对于短线庄很多人都不陌生。这些庄家操作过的股票都有以下共同的特征：

一、容易涨停。或突然袭击式涨停；

二、K 线形态较好，上涨前横盘时间较长；

三、启动后，上涨幅度不大，一般整体涨幅约在 30% 以内；

四、启动后，上涨速度快，基本上在十个交易日以内完成任务；

五、上涨目标完成之际，均会有某个具有 TNT 级爆炸当量的题材开始显现（甚至是谣言类题材）。

上面五个要素是短线庄最典型的特征。这个操作模式的鼻祖最早要追溯到欧洲的股市诞生之际。美国股市在上世纪六十年代以前，这类操作模式也很受市场欢迎。后来东渡到我国台湾，在八十年代得到发扬光大。而在我国大陆，自 2003 年以来，涨停板敢死队交易模式其实就是短线庄的杰出代表。

不过，现在做短线庄，风险系数还真是有点大。如果头脑发热出击大盘股，则极有可能被对手狙击而损失惨重。但另一个操作模式已经在短线庄的基础上获得了长足发展，这就是短线接力庄操作模型。

什么是短线接力庄呢？短线接力庄是指由几个不同体系的机构资金接力式操作某只股票。如 A 机构完成第一次操作，出货走人；B 机构接手完成第二次操作，出货走人；然后，C 机构再来接手完成第三次操作，出货走人。

短线接力庄至少拥有两种操作性质类别：

第一类，独立接力式；即 A 机构完成第一次操作出货后，视该股与市场环境情况，再接力操作第二次与第三次；

第二类，多方接力式；即由 ABC 多家机构完成几次连续性接力操作。

短线接力庄操作过的股票，在行情上有一定的延续性。但每次拉升时间都较短，拉升幅度也较小。一般情况下，如 A 机构拉升幅度超过 20% 以上，则 B 机构拉力拉升幅度就会控制在 20% 以内，而 C 机构拉升幅度或许会更小。

短线接力庄操作的目标品种盘子不会太大，一般在 3 亿股以内，投入的资金量也十分有限，一般情况下在 1 亿以内。在拉升时，主要依靠与一些非法理财类公司合作，通过 QQ 群、群发短信、BBS 论坛、博客、门户网站的股吧等进行宣传造势。

我曾接到一个短信，说是该机构次日要拉升 600539 这只股票，结果次日果然拉升。这种方式就是短线庄惯用的伎俩。但现在回过头看该股，却发现该股命运较好，在随后的水泥板块整体上涨行情中，该股又有短线庄机构进驻操作，完成了第二轮短线操作。说明该股在有意无意间，由几家机构接力完成了三段拉升操作模型。

短线庄第一轮涨幅达到了 30% 的涨幅，完成出货之后，第二个机构进场展开第二轮接力式拉升，这一轮的拉升幅度应该也在 30% 以内，不会太大。

短线拉力式操作模型可能会在今后较长一段时间内被国内广大私募机构所接受并运用。在股票作为商品的投资时代，这种模式，也许是做市商制度推出前的预演。如果所操作的目标品种，其基本面在股价上涨的同时也得到一定程度的改善，则该模式也未尝不是一种较佳的盈利手段。

一次，我问学生，股市中最大的最明显的特点是什么？

学生 A 回答，是涨停与跌停。

他的话引来大家的哈哈大笑。

学生 B 说，应该是捉摸不定吧。

对这个回答，我基本给予肯定。

那么，股市中最大的最明显的特点的是什么呢？很简单，就是“变化”一词。股市千变万化，而永远一成不变的就是它的变化！

动态的变化，是股市永恒的特点！

周易是我国最伟大的一部哲学。它能断过去，知现在，预未来。一部周易，贯穿中华五千年文明史。而周易的核心则只有一个字，那就是“易”。

那么，易是什么呢？

我的理解，易是自然，是物质与自然多元空间运行的法则与规律。

易，分为不易与变易。

不易，是本元的东西，是指人、自然或事物的本质，这是不变的。

变易，是指自然多元运行的规律与变化，这是动态变化的。

由此，我们可以看到在《周易》中的卦象，它分为八个本卦，六十四个变卦。《易经》记录“易有太极，始生两仪。两仪生四象，四象生八卦。”两仪即阴阳，可在不同时候引申为天地、昼夜、男女等等。四象，即少阴、少阳、太阴、太阳。在不同时候，可分别对应四方、四季、四象。青龙居东，春之气，少阳主之；朱雀居南，夏之气，太阳主之；白虎居西，秋之气，少阴主之；玄武居北，冬之气，太阴主之。八卦，即乾、坤、巽、兑、艮、震、离、坎，分别代表天地等含意。

八卦的最基本的单位是爻，多是记述日影变化的专门符号. 爻有阴阳两类，阳爻表示阳光，阴爻表示月光. 每卦又有三爻，代表天、地、人三才。

其实这个爻，就是一个变化。无论是阴爻，还是阳爻，其中均包含了万千的变化。因此，这个爻，也叫动爻。

从周易看股市，似是，又非是。它们最共同的特点，就是变化！

股市变化如此复杂。如何从纷乱的变化中获得赚钱的机会？

这就简单了。

必须在万千变化中找到一种或数种具备恒定规律的价格运行模式，并建立一种属于自己性格特点的价格交易模型，以此来分析、判断、预测价格的走势与变化。这个不变的恒定的运行模式，就是本元。

本元，是不变的，属于不易。

价格，是变化的，是动态的，因此属于变易，是动爻。

有人会问，怎样才能建立这种交易模型？

告诉你，《起涨点》或许是一种较好借鉴吧。

好，来看看大盘。

上周就说了大盘本周的主要任务就是反弹。三天观察期一结束，大盘就反弹了。不过，力度似乎不强。这个不强体现在 K 线形态上。

大盘在本周二的反弹日 K 线没有达到 2% 的强度。

对于跌了十来天的市场来说，这显然是不够的。说明人气还没有凝聚。说不定还有许多革命战士在等着斩仓呢。这怎么能行？

因此，本周要注意大盘还有一个二次探底巩固底的过程。

天上方一日，人间已数年。

首先，我们要明确的是，当前所处的位置就是底部阶段了。

在底部阶段，一定要有耐心。

你可以斩仓，但一定是建立在换股的交易原则之上。

无论如何。我们永远在赚钱。大盘涨跌，关我何事？

一个炒股的小沙弥一边看电脑一边敲着木鱼，口中念念有词：佛啊，麻烦你有空帮我拉一下股票吧！在茫茫股市里，我们都是那个苦苦修行的小沙弥。

一个人买了股票之后，他是无助的，孤苦无援！

他在期待有一双鬼神之手突然凭空伸来，把他持仓那只股票的 K 线拉长一点，最理想状态是拉到 10%，直拉到让他亢奋的状态。

当然，仅仅是 10% 还不是最理想的，最佳状态是第二天开盘就板了，接下来第三天、第四天……天天没事干，开盘就板，想要抛出都很难下手。当然，这样的状态只有一种人才能想象出来，那就是正趴在精神病医院床上修行的那位兄弟。

进入寺院，我们通常会听到一句顺口而出的话：我佛慈悲！

我佛是谁？

是我，是佛，还是我佛？

有一尊佛，他的名字叫“我佛”吗？

可是，我查遍佛经三千卷，未见有“我佛”这尊佛。

后来，我偶然阅读到一个关于德山禅师的故事，一时顿悟。这个故事如下：

德山禅师幼年出家，精通经律，贯通旨趣，尤其擅长讲解《金刚经》，无人能望其项背，并编书注解《金刚经》，书名为《青龙疏钞》，他的《金刚经》造诣之深，以至于人们称他为周金刚。后来他听说南方禅宗倡导见性成佛、顿悟法门，便以为这是魔说邪教，决心向南方禅宗挑战。于是他担着自己所写的《青龙疏钞》径往南方，走到半路遇到一位在路边卖油糍的老婆婆，因肚中饥饿，欲买油糍点心吃，于是他坐到老婆婆的摊前歇歇脚。

老婆婆问他挑的是什么书，他自恃精通经文，便洋洋自得地告诉老婆婆是《青龙疏钞》，专门用来注解《金刚经》的。

老婆婆说：我有个关于《金刚经》的问题，你若答得上来，我就布施油糍给你，若答不上来，就请到别处去买吧。

德山禅师便很爽快地答应了：那您就请问吧。

老婆婆说道：‘《金刚经》云：过去心不可得，现在心不可得，未来心不可得。

不知大师点哪个心呢？

德山禅师原以为自己早已通达《金刚经》中的奥义，不料却被老婆婆问得哑口无言，呆呆地站在那里，半天都回不过神来，过去、现在、未来，都被切断了，还能往哪里走呢？

老婆婆说：既然你答不上来，就请到别处去买油糍吧。

德山禅师没有办法，只好空着肚子继续赶路。

这番对话，德山的最大失误是“妄起分别”，他沿着老婆婆的过去、现在和未来的思路，将“心”作部分、抽象地理解，因此无路可走。德山所受到的第一次点化是一个老婆婆向他发出的挑战，第二次则是德山主动出击，向龙潭禅师挑战，但这次输得更惨。

龙潭崇信禅师在湖南澧县龙潭寺弘法，时称“龙潭”和尚，是当时很有名气的老禅师。德山虽然被老婆婆问得哑口无言，但傲性犹在。他昂昂然来到龙潭寺，直接走进法堂，一见到龙潭禅师便说：久闻龙潭之胜名，为何到了龙潭，却是既不见潭，龙亦未现？

他的意思是说，南禅无非是徒有虚名，并无什么佛法，同时也是对龙潭禅师的一种嘲弄。

龙潭禅师没有理会德山禅师拐弯抹角的嘲弄，只避其锋芒，有心开导他，如果将“龙潭”比喻为佛法的话，那么佛法只有一种，心即是佛，人即是佛。既然你已经来到这里，那佛法也就随之而来了，怎么还说没有看见呢？因此，他把这些意思凝练成一句话：

你不是亲身到龙潭了吗？

只此一句话，便将德山的锋芒牢牢地箝制住了。

德山是佛不知佛，反把我与佛分隔开来，又犯了妄起分别的毛病。

所以他听了龙潭的话后，好不尴尬。

到了晚上，德山禅师入室参问，他讲了许多《金刚经》的义理，龙潭禅师只是唯唯喏喏地应付。天色已晚，龙潭禅师便说：今天就到这里，你也暂且回房休息去吧。

德山禅师行礼后往外走，外面已是漆黑一片，伸手不见五指，便又退回来说：

大师，外面太黑。

龙潭禅师便卷了个纸卷当蜡烛，点着了递给他。

德山禅师刚接到手里，龙潭禅师却又扑地一下把火吹灭了，四处又陷入一片黑暗之中。但德山禅师的脑子里却刹那间一片空明澄澈。他明白了老禅师的用意，这分明是暗示他：佛性是一个整体。它包容一切，却又超越一切，一片空明，一片宁静，永恒存在。无内无外，无边无际，无明无暗，无生无来，无垢无净。你不要妄起分别，何来什么黑？何来什么明？何需纸烛？一切现成，只须自证自悟，何必借他人之光呢？你自己就是佛啊！

德山豁然顿悟，立即向龙潭禅师施礼道：从今以后我再不怀疑天下老和尚的话。

随后，他拿了一支蜡烛到法堂之上把带来的《青龙疏钞》一把火烧了。他感叹到：穷诸玄辩，若一毫置于太虚；竭世枢机，似一滴投于巨壑。意思是穷尽了经书佛典，也不过像放在虚空中的一根毫毛；用尽了世间机巧，也不过像投入巨壑中的一滴水珠。

话题还是要回到股市中来。在股市中，那个我佛是谁？是庄家吗？是菩萨吗？

什么也不是！

正如龙潭禅师所指，在佛法中，心即是佛，人即是佛！那么，我佛则是指我们自己。故而，我即是我的佛！股市的佛法，他包容了一切。一切炒股的学问，皆出自佛法中。

明心见性，我佛即是指自己。

如果说，佛啊，麻烦你帮我拉一下股票吧。这是在指明自己要好好选择股票，因为，选择比努力更重要！选对了股票，无论你什么价格进入，它总是会涨的。如果选择错了，无论你把木鱼敲破，它也是不会涨的！

当然，选择错了，要是这只股票不套住你，不搞掉你几百斤香油钱是不可能的。

念一句口诀：我佛慈悲，股票涨停！我佛慈悲，股票涨停！

因此，一定要晓得，是我佛在炒股，不是佛在炒股。

回到本文开头，总结一下：短线庄既然具备突然涨停的特点，那么，他们的操作应该是闪电战，以快打慢，迅速在极短的时间内完成一个目标空间的跨越。因此，在对应大盘环境的策略方面，他们也有以下共同特点：

其一，大盘微跌，短线庄暴涨；

其二，大盘止跌反弹，短线庄已经到达目标位；

其三，大盘大涨，短线庄已经从容出货完毕。

要注意，短线庄经常会选择大盘下跌阶段的初期，中后期与横盘调整阶段利用突发性事件展开操作，这是他们获取暴利的致命法宝。对短线庄而言，他们无须取得与上市公司之间的合作，那样的话，成本太高，也太麻烦了。

从某种意义上讲，短线庄就是月黑风高半路打劫的那位哥们。

在这里顺便讲讲关于攻击型量峰与洗盘买点这个问题。

昨天的培训讲了洗盘这个概念，同时指出当时的大盘存在洗盘的技术特征。在这之前，我也多次讲过攻击型量峰这个技术性概念，并且指出攻击型量峰在操盘中的重要意义。

今天我们把攻击型量峰与洗盘相结合来看看。

为什么要把这两个技术性概念结合到一起呢?

这是因为，攻击型量峰是发现主力强势操盘的关键点。一个主力操盘手法的狠与不狠，投入资金力度的大与不大，均可以通过攻击型量峰来得到验证。

A、攻击型量峰呈纵向与横向的放大，说明资金投入力度大，操盘手法狠。该庄应是个有实力的主。

B、攻击型量峰呈纵向放大横向萎缩，说明资金投入力度一般，操盘手法较次，该庄实力稍弱，完全凭技巧控盘。

因此，基于攻击型量峰的强弱分类，我们在选股时就有所甑别。

昨天在讲洗盘时，有两个技术性要点是需要注意的：

其一，洗盘的时间长度；

其二，洗盘的强弱极限。

时间长度上，我规定强势洗盘在 3 天以内就要结束，中线波段应在 5 天左右。而在强弱极限方面，我指出，5 天攻击线是短线强势洗盘极限，10 天操盘线是中线波段行情的洗盘极限。基于这个原理，我们把攻击型量峰与洗盘结合起来，就初步可以展开实战操盘了。

我们来看一个案例：000710 天兴仪表

该股在 2011 年 4 月 1 日正式启动，当天涨幅达到 6%，这种涨幅已经具备启动一轮中线波段行情的级别标准。我们来看看它的即时图谱：

从图一中我们发现，该股在当天下午 13．35 分正式启动，上涨拉升节奏较快，盘中基本不给普通投资者以思考的余地。这是个狠角色在操盘。从攻击型量峰的结构看，呈纵向与横向放大状态，最大单笔成交量达到 1000 手/笔以上。资金投入力度较大，是个有钱的主。

我们来看看它当时的日 K 线图：

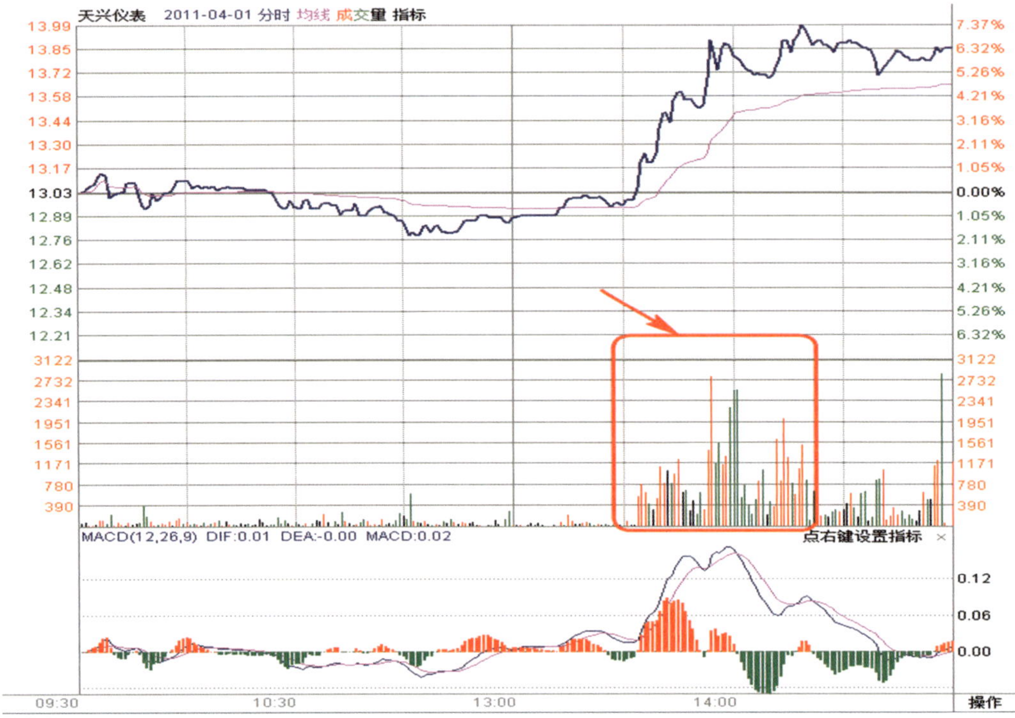

图例 203 天兴仪表（000710）分时走势图普

图例 204 天兴仪表（000710）日 K 线走势图普

从日 K 线看，4 月 1 日当天是该股放量突破小平台结构。

在突破之前几天，该股曾有过一次明显的放量突破过程，说明该庄已经提前几天有动作。因此，4 月 1 日当天是主升行情的开始。

那么如何操作它呢？

这就要利用洗盘来决定它的买进时机。下面是几个买进的技术要素：

第一个买进的技术位置在 5 日攻击线；

第二个买进的技术位置在 10 日攻击线；

第一个买进的时间在洗盘的第二天，因为要判断第三天上涨；

第二个买进的时间在洗盘的第四天，因为要判断第五天上涨。

因此，操作方案就出来了。关于对 000710 的操盘方案如下：

A、4 月 7 日，盘中股价回调攻击线买进第一仓位；

B、4 月 11 日，盘中股价回调操盘线买进第二仓位；

C、上述两个仓位各占资金比重均为 50%；

后来的结果表明，这一操作方案是英明正确的，也十分成功！

往往这个时候，有些自作聪明的学生就会问我了，伍老师，如果不是攻击型量峰，可不可以运用洗盘的技术来操作呢？

往往这个时候，本先生也是很无奈的！

没办法，谁让这个家伙很聪明呢！

我的回答是，如果你想让自己继续亏下去，加大失败的成功率，是完全可以这样操作的。

今天所讲的这个技术要点，最低价值 20 万元！有缘的朋友用它最低可赚到 200 万以上，无缘的人呢，用它最低也会亏损 20 万以上。

成与不成，得与不得，全在使用者一念之间。

因为得道者，一念可成佛。

最近很多读者往我邮箱里写信，有些人还写出瘾来了，问的问题也很专业，有做庄的潜质。我想告诉大家的是，《道破股市天机》系列丛书、《操盘学》系列丛书和《操盘大智慧》系列丛书这三大书系，已经够大家用一辈子的精力来好好研究学习的了，不要今天东山打鸟，明天西湖捕鱼。专注于一家技术体系，勤奋研究，深刻领悟，必然就会有所收获。

还有一些读者很想跟着我学习，伍朝辉在这里感谢你们的信任。

我一方面精力有限不能胜任这项工作，另一方面，我现在只训练职业操盘手，这是需要资金实力限制的。在资金量少的情况下，建议大家还是从书本学起。另外，为了帮助读者学习，我特地邀请我的朋友罗振文先生开设了网络操盘学院，解答疑难问题。此告。

学佛不一定要在庙里。只要修行得法，假以时日，自然可成！

伍朝辉

2013 年 3 月 28 日